KompaktWISSEN Sexualpädagogik in der Heilerziehungspflege

Stefan Hierholzer

Handwerk und Technik – Hamburg

Zur Person des Autors: Stefan Hierholzer

Geboren 1985 in Sindelfingen. Ausbildung zum staatlich anerkannten Erzieher. Studium des beruflichen Lehramts *Fachrichtung Sozialpädagogik*. Lehrtätigkeit an einer Fachschule für *Heilerziehungspflege* in Lüneburg (Fächer *Spiel- und Sexualpädagogik*). Später absolvierter er die Prüfung zum *heilpraktischen Psychotherapeuten*.

Heute lebt und arbeitet er in Lüneburg/Ahrensburg, lehrt an der Berufsbildenden Schule in Ahrensburg und gibt Kurse an der VHS für heilpraktische Psychotherapeuten.

In eigener Praxis begleitet, berät und unterstützt Stefan Hierholzer Menschen in verschiedensten Lebenslagen. Die Schwerpunkte seiner Arbeit sind *Sexualtherapie, Gendertraining* sowie Fort- und Weiterbildungen im *elementarpädagogischen Bereich* sowie Schulungen für Lehrende.

ISBN 978-3-582-**47959**-4

Das Werk ist Teil der Reihe KompaktWISSEN Heilerziehungspflege.

Verlag Handwerk und Technik GmbH,
Lademannbogen 135, 22339 Hamburg; Postfach 63 05 00, 22331 Hamburg – 2014
E-Mail: info@handwerk-technik.de – Internet: www.handwerk-technik.de

Layout und Gestaltung: alias.medienproduktion GmbH, 12526 Berlin
Satzausführung: Reemers Publishing Services GmbH, 47799 Krefeld
Umschlagbild: nach Grundlage von Fotolia Deutschland, Berlin, www.fotolia.de: © Olly
Druck: DZA Druckerei zu Altenburg GmbH, 04600 Altenburg

Vorwort

„Jede Unwissenheit ist bedauerlich, aber Unwissenheit auf einem so wichtigen Gebiet wie der Sexualität ist eine ernste Gefahr." (Bertrand Russell)

Kaum ein anderes Thema beschäftigt den Menschen so sehr wie seine eigene Sexualität. Dabei befindet sich Sexualität immer im Spannungsfeld zwischen Unterdrückung und Emanzipation. Auch nach der sexuellen Revolution der 1968er-Jahre existieren in unserer Gesellschaft immer noch Vorbehalte gegenüber dem Sexuellen, besonders dann, wenn es die Sexualität von Menschen mit Behinderung betrifft.

Trotz aller Bemühungen um Inklusion sind Menschen mit Behinderung nach wie vor auf die Offenheit heilpädagogischer Fachkräfte in Bezug auf Sexualität angewiesen. Gerade Einrichtungen der Behindertenhilfe sind vor die Aufgabe gestellt, sexualpädagogische Angebote für ihre Klientinnen und Klienten zu machen. Dieses Buch soll Berufsanfängerinnen und Berufsanfängern einen ersten Einblick in den spannenden Bereich der Sexualpädagogik geben.

Dazu wird im ersten Modul der Begriff des Sexuellen erarbeitet und kritisch reflektiert. Im zweiten Modul wird den Lesern/Leserinnen die Komplexität der Sexualität erläutert und verdeutlicht, wie breit und vielfältig sexualwissenschaftliche Forschung angelegt sein muss, um dieser komplexen menschlichen Erscheinungseinungsform gerecht zu werden. Das dritte Modul befasst sich mit rechtlichen Aspekten der Sexualpädagogik. Sexuelle Identitäten in all ihren mannigfaltigen Erscheinungsformen werden im vierten Modul dargestellt. Wie Sexualität sich entwickelt, erklärt das fünfte Modul und legt dar, wie sexuelle Entwicklung sich bei Menschen mit Behinderung vollzieht. In Zeiten von AIDS ist es notwendig, die Menschen unermüdlich daran zu erinnern, dass sie AIDS keine Chance geben sollen. Damit befasst sich das sechste Modul. Maria Montessoris berühmtes Zitat „Hilf mir, es selbst zu tun" steht in diesem Buch für das siebte Modul, das sich mit Sexualassistenz befasst. Im achten Modul werden Anlaufstellen für sexualpädagogische Fragestellung genannt. Ein Exkurs schließt das Buch ab, indem er die Schattenseiten der Sexualität – sexualisierten Missbrauch – thematisiert.

Der Autor

Wie lese ich dieses Buch?

Hinter jedem Werk steckt ein Autor. So simpel diese Erkenntnis auch sein mag, so bedeutend ist sie für die Leser/-innen. Gerade wer sich mit dem sensiblen Themenfeld des Sexuellen befasst, muss sich bewusst machen, was er/sie/es mit seinen/ihren Ausführungen bewegen kann. In kaum einem anderen Forschungsfeld werden so viele strittige Bereiche berührt wie im Sexuellen. Der Autor dieses Buches hat wie jeder andere Autor eine ganz eigene, individuelle Sexualität und damit einen individuellen Blick auf das Sexuelle. Daher wird die Leserschaft darüber in Kenntnis gesetzt, dass der Mann hinter diesem Buch eine durchschnittlich-konservative Sexualerziehung genossen hat und sich dank seiner pädagogisch-therapeutischen Ausbildungen davon befreien konnte. Durch das Befassen mit der eigenen Sexualität und der verschiedener Klienten/Klientinnen hat sich der Autor nach und nach einer emanzipatorisch-gesellschaftskritischen sexualpädagogischen Haltung[1] verschrieben. In diesem Kontext ist dieses Buch zu lesen.

Sprache ist Macht, deshalb wird in diesem Buch sowohl die weibliche als auch die männliche Form verwandt. Dennoch ist klarzustellen, dass auch inter- und transsexuelle Menschen und jene, die sich keiner Geschlechtskonstruktion zugehörig fühlen, mitbedacht werden.

Gerade über (Schrift-)Sprache konstruieren wir unsere (sexuelle) Welt, also ist es wichtig, darauf hinzuweisen, dass die weit verbreitete Annahme, es gäbe lediglich zwei Geschlechter (binäre Geschlechterordnung), nicht der Realität entspricht. Diese Annahme speist sich aus einer heteronormativen bzw. heterosexistischen Weltvorstellung (der Annahme, dass Heterosexualität normal und alle anderen sexuellen und geschlechtlichen Erscheinungsformen nicht normal sind), die es im Alltag erschweren, genau hinzuschauen und zu sehen, dass es auch Menschen zwischen den Geschlechtern (Intersexuelle) gibt. Hier gilt es, dies zukünftig in der heilpädagogischen Arbeit sensibel zu beachten und für die Anerkennung dieser Personengruppe einzutreten. Der Umstand, dass sexuelle Minderheiten in der Vergangenheit und in Teilen der Welt bis heute verfolgt und verurteilt werden, macht es notwendig, darauf hinzuweisen, dass der Autor hetero- und homosexuelle Lebensentwürfe als gleichwertige Lebensformen anerkennt und diese innerhalb des Buches immer mitbedacht werden.

In Bezug auf das Thema Sexualität und Behinderung sei darauf hingewiesen, dass der Autor es als verbrieftes Menschenrecht ansieht, dass ungeachtet der ethnischen Herkunft, der Klasse, der Identität oder der Lebensumstände alle Wesen ein Recht auf ihre individuelle Sexualität und das Ausleben derselben haben, so lange kein anderes Wesen unter ihrer Sexualität leiden muss.

---

1 Die verschiedenen sexualpädagogischen Konzepte werden im Kapitel 2.3 näher erläutert.

Bildquellenverzeichnis

Mauritius GmbH, Mittenwald: S. 12/3 (Phototake)

National Human Genome Research Institute, Bethesda, MD, USA, 🅭 http://creativecommons.org/licenses/by-sa/3.0/de.: S. 12/1

www.wikipedia.org: S. 12/2

Danksagung

Ich möchte den folgenden Personen danken für ihre fachlichen Anregungen und für Impulse, die mich zwangen, meine eigene Haltung zu hinterfragen und zu reflektieren: Meiner besseren Hälfte, meinen Eltern, Professorin Maria Eleonora Karsten, Professorin Catrin Heite, meiner Lektorin Wenke Hamann, den Freunden und Kollegen Stefanie Wacker, Melanie Hoffmann, Nadine Haushahn, Anna-Maria Marx, geborene Werner, Rana Cicek, Denise Sindlinger, Rebecca Stöhr, Sabrina Jankowski, Janina Dilewski, Frederike von Natzmer, Svenja Katzer, Änne Rickert-Petrick.
– Der Autor

Inhaltsverzeichnis

1

MODUL 1: SEXUALITÄT, WAS IST DAS DENN?

Schon zu Beginn eines Buches zum Thema Sexualität steht der Autor vor einem gewichtigen Problem: Wie definiert man etwas, das in seiner Erscheinungsform so vielfältig und vielschichtig ist wie der Begriff der Sexualität?

1.1 Begriffsannäherung aus pädagogisch-heilerziehungspflegerischer Perspektive

Erstmals taucht der Begriff „Sexualität" 1820 beim Botaniker August Henschel in seinem Buch „Von der Sexualität der Pflanzen" auf. Henschel unterscheidet darin männliche und weibliche Pflanzen und beschreibt, wie diese beiden gegensätzlichen Geschlechter darauf ausgerichtet sind, sich fortzupflanzen (vgl. Behörde für Schule, Jugend und Berufsbildung Hamburg, 2000). Die Betonung des biologisch-medizinischen Aspekts in Bezug auf Sexualität ist immer noch in vielen Fachartikeln zu spüren. Für den Bereich der Heilerziehungspflege jedoch muss Sexualität mehr sein als eine Verengung des Begriffs auf Fortpflanzung. Mit einem weiten Begriff des Sexuellen entstehen wiederum Definitionsprobleme: Was ist eigentlich Sexualität? An dieser Frage haben sich verschiedene Autoren/Autorinnen versucht und sind gescheitert. Daraus folgt, dass Sexualität sich nicht exakt definieren lässt (vgl. Lautmann, 2002). In diesem KompaktWISSEN wird deswegen keine abschließende Definition vorgenommen, sondern ein Definitionsversuch angeboten, der verschiedene Aspekte des Sexuellen berücksichtigt. Die amerikanische Sexualtherapeutin Offit liefert in diesem Zusammenhang eine Beschreibung des Sexuellen, indem sie sagt:

> *„Sexualität ist, was wir daraus machen. Eine teure oder eine billige Ware, Mittel zur Fortpflanzung, Abwehr gegen Einsamkeit, eine Form der Kommunikation, eine Werkzeug der Aggression (der Herrschaft, der Macht, der Strafe und der Unterdrückung), ein kurzweiliger Zeitvertreib, Liebe, Luxus, Kunst, Schönheit, ein idealer Zustand, das Böse oder das Gute, Luxus oder Entspannung, Belohnung, Flucht, ein Grund der Selbstachtung, eine Form von Zärtlichkeit, eine Art der Regression, eine Quelle der Freiheit, Pflicht, vergnügen, Vereinigung mit dem Universum, mystische*

Ekstase, Todeswunsch oder Todeserleben, ein Weg zum Frieden, eine juristische Streitsache, eine Form, Neugier und Forschungsdrang zu befriedigen, eine Technik, eine biologische Funktion, Ausdruck psychischer Gesundheit oder Krankheit oder einfach eine sinnliche Erfahrung." (Offit, 1979, 16)

Aus Offits Beschreibung geht hervor, dass Sexualität eine Vielzahl menschlicher Bedürfnisse betrifft. Dabei ist Sexualitat immer an geltende gesellschaftliche **Normen und Werte**, an individuelle Bedürfnisse nach Anerkennung und an den menschlichen Drang zur Interaktion geknüpft. Sielert bietet eine weitere Annäherung an: „Sexualität kann begriffen werden als allgemeine Lebensenergie, die sich des Körpers bedient, aus vielfältigen Quellen gespeist wird, ganz unterschiedliche Ausdrucksformen kennt und in verschiedener Hinsicht sinnvoll ist." (Sielert, 1993, 43)

Sielerts Begriffsannäherung muss in Bezug auf Menschen mit Behinderung gedeutet werden. So kann „Sexualität [...] als allgemeine Lebensenergie, die [...] aus vielfältigen Quellen gespeist wird" so verstanden werden, dass jeder Mensch – nach Sigmund Freuds Auffassung – sexuelle Triebe in sich trägt, denen er unbedingt nachkommen will, hier bezogen auf den Wunsch nach Fortpflanzung (vgl. Wrede/Hunfeld, 1997; Kluge, 1998). Aus dieser Deutung leitet sich ab, dass Menschen mit Behinderung (ungeachtet welcher Art) eine ihnen innewohnende sexuelle Lebensenergie besitzen. Die häufige Leugnung eines Sexualtriebs bei Menschen mit Behinderung zeugt von einer Unsicherheit der Gesellschaft in Bezug auf die Sexualität solcher Menschen (vgl. Geifrig, 2003). Heilerziehungspfleger/-innen sollten sich dessen bewusst sein, dass alle ihre Klienten/Klientinnen sexuelle Wesen mit sexuellen Bedürfnissen und Wünschen sind.

Sexualität bedient sich des Körpers: Ein weiter Sexualitätsbegriff sieht Sexualität als Ausdruck eines Leib-Seele-Prozesses, d. h. Sexualität umfasst sowohl körperliche Betätigung (zärtliche Berührungen, Küssen, intime Blicke, Onanieren), ggf. auch Vereinigung (Geschlechtsverkehr), als auch affektive Komponenten (Gefühle, Erleben) (vgl. Kluge, 1998). Gerade für Heilerziehungspfleger/-innen ist ein weites Verständnis von Sexualität notwendig, da je nach Behinderungsform eine sexuelle Vereinigung der Klienten/Klientinnen nicht möglich ist, aber durchaus sexuelle Betätigungen wie bspw. Streicheln gewünscht sind.

Sinnkomponenten und Ausdrucksformen von Sexualität: Bedürfnisse nach Sexualität verändern sich im Lauf des Lebens und werden immer auch individuell gewichtet. So verweist Sielert (1993) darauf, dass Sexualität durch vier Aspekte gekennzeichnet ist:

1. **Identitätsaspekt:** das eigene Erleben als sexuelles Wesen, als Mann oder Frau oder etwas dazwischen
2. **Beziehungsaspekt:** intime Begegnung mit einem/mehreren Anderen, die durch den Umstand von Wärme, Sicherheit und Geborgenheit gekennzeichnet ist

3. **Lustaspekt:** beschreibt den Umstand der kraftspendenden Erfahrung sexueller Begegnungen bis hin zur Ekstase
4. **Fruchtbarkeitsaspekt:** Unter diesem Aspekt ist sowohl die lebensspendende Energie von Sexualität als auch die Option zur Weitergabe von Leben (Zeugung) zu verstehen

Entscheidend bei dieser Begriffsannäherung ist, dass alle Aspekte gleichwertig sind. Auch müssen nicht alle Aspekte verwirklicht sein, um eine „vollwertige" Sexualität leben zu können.

Neben den von Sielert (1993) oben ausgearbeiteten Aspekten sind noch weitere Aspekte bedeutsam:

- **Biografischer Aspekt:** Demnach ist Sexualität ein lebenslanger Prozess, der bereits vorgeburtlich beginnt. So spielen schon Embryos an ihren Genitalien (vgl. Borneman, 1981). Nach Sigmund Freuds Auffassung haben bereits Kleinkinder eine eigene „kindliche Sexualität", die sich über das Jugendalter mit der Frage „Wer möchte ich sexuell sein?" bis hin ins Erwachsenenalter erstreckt und erst mit dem Tod endet (vgl. Lautmann, 2002).
- **Genderspezifischer Aspekt:** Wie Sexualität erlebt wird, z. B. in Bezug auf das Erleben eines Orgasmus (vgl. Masters/Johnson, 1967), hängt entscheidend vom Geschlecht ab. Auch welche Ge- und Verbote mit Sexualität einhergehen, hängt mit dem Geschlecht zusammen. So konnte nachgewiesen werden, dass Frauen mit Behinderung häufiger unterstellt wird, keinen Sexualtrieb zu haben, als Männern (vgl. Geifrig, 2003; Schmetz, 2001).
- **Ambivalenz der Sexualität:** Sexualität hat neben allen positiven Aspekten auch negative Aspekte, bspw. Gewalt, Aggression und Machtausübung, die in sexuellen Zusammenkünften vorkommen (vgl. Martin/Niemann 2000). Gerade bei Menschen mit (geistiger) Behinderung ist die Frage nach Unterdrückung innerhalb (sexueller) Beziehungen zu stellen. Menschen mit Behinderung werden tendenziell häufiger Opfer sexualisierter Gewalt als Menschen ohne Behinderung (vgl. Weiler/Enders, 2001, 125).
- **Formen der Sexualität:** In den westlichen Industrienationen sind durch die Einführung des Christentums mit dessen starker Betonung des Fortpflanzungsaspekts (vgl. Fiedler, 2004) jene sexuelle Formen, die nicht ausschließlich auf Fortpflanzung ausgerichtet sind, verfolgt und bestraft worden und werden dies teilweise bis in die Gegenwart (vgl. Hierholzer, 2009). Noch in der Antike waren homosexuelle Beziehungen geachtet und wurden teils aus pädagogischer Perspektive positiv hervorgehoben (Knabenliebe im antiken Athen). Erst in der Gegenwart erfahren gleichgeschlechtlich liebende Personen langsam wieder die notwendige Anerkennung ihrer Lebensform. Gerade Menschen mit Behinderung werden mit einer Doppeldiskriminierung konfrontiert: Einerseits sind sie behindert, anderseits weichen sie vom sexuellen Standard ab, zumindest gemessen an der relativen Norm.

Neben den oben – aus pädagogisch-heilerziehungspflegerischer Perspektive – beschriebenen existieren innerhalb der Literatur noch weitere relevante Perspektiven der Sexualität, die im folgenden Kapitel näher erörtert werden.

1.2 Sexualität aus medizinischer Perspektive

Besonders im angloamerikanischen Raum war der Bereich des Sexuellen in der Vergangenheit stark durch die medizinischen Wissenschaften bestimmt (vgl. Sigusch, 2007). So erschütterte der „Kinsey-Report" Amerika mit der Feststellung, dass bspw. Homosexualität in der Gesamtbevölkerung stärker vertreten war als bis dato angenommen (vgl. Kinsey, 1941). Kinsey entwickelte eine Skala, auf der er Homosexualität maß. Die Ergebnisse dieser sogenannten Kinsey-Skala sind allerdings umstritten, da er vor allem Gefangene zu ihrem Sexualverhalten befragte. Ungeachtet dessen wurde mit dieser Untersuchung das erste Mal deutlich, dass Hetero- und Homosexualität keine gegensätzlichen Pole der sexuellen Identität darstellen, sondern dass deren Grenzen fließend sind.

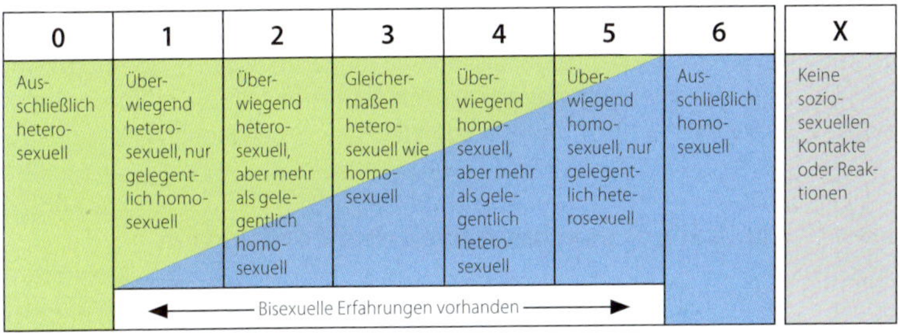

Abb. 1 Kinsey-Skala

Masters und Johnson gingen in die Wissenschaftsgeschichte unter dem Stichpunkt „Vermessung der Sexualität" ein, da sie Frauen und Männer beim Geschlechtsakt filmten und die Ergebnisse von Erregung und Orgasmus genau maßen und veröffentlichten (vgl. Masters und Johnson, 1966). Die medizinische Perspektive ist gerade in Bezug auf körperliche Grundlagen von Sexualität bedeutsam. So konnte die Medizin in den vergangenen Jahrhunderten feststellen, dass unsere Geschlechtsmerkmale nicht nur äußerlich sichtbar sind, sondern auch physiologisch[2] stark verwurzelt sind. So lässt sich das Geschlecht in drei Teile unterschieden (siehe nächste Seite):

[2] Physiologie: ein Teilgebiet der Biologie und Medizin, das sich vorrangig mit Zellen, Geweben und Organen von Lebewesen beschäftigt

Chromosomal	Gonodal	Hormonal
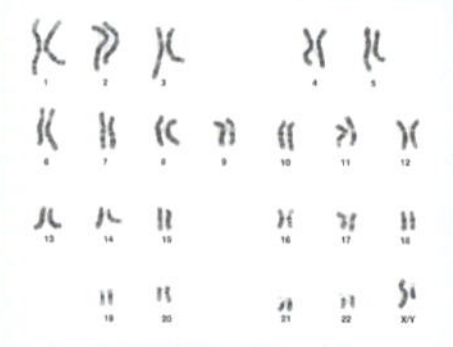	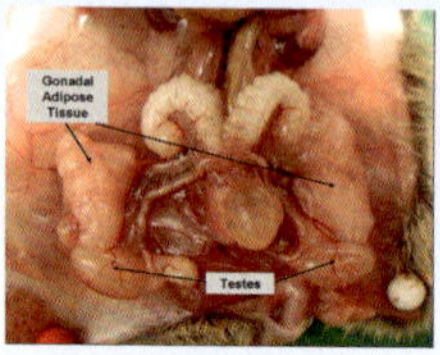	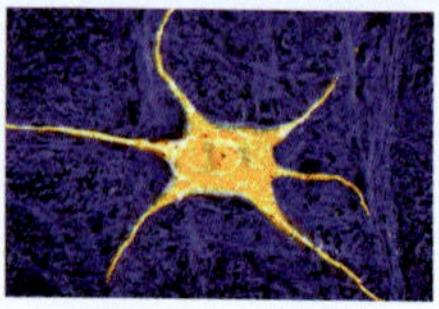
XX-Chromosomenpaare führen dazu, dass aus Embryonen Frauen werden, XY-Chromosomenpaare führen zu männlichen Embryonen.	(Innere Geschlechtsorgane) Sechs Wochen nach Befruchtung wird das männliche Hormon Androgen ausgeschüttet, das eine Geschlechtsdifferenzierung auslöst.	Das Hormon Testosteron führt zur Ausbildung von Penis und Hodensack beim Mann. Bleibt das Hormon aus, so entwickeln sich Vulva und Klitoris.

Insbesondere die Hormone sind im Lebensverlauf nachhaltig für sexuelle Lust und sexuelle Erregung mit verantwortlich. Neben der biologisch-medizinischen Perspektive, die vorrangig *physiologische* Grundlagenforschung hervorgebracht hat, hat sich die *psychoanalytische* Perspektive mit dem Themenfeld Geschlechtsidentität auseinandergesetzt, welches im folgenden Kapitel behandelt wird.

1.3 Sexualität aus psychoanalytischer Perspektive

Sigmund Freud, der Begründer der Psychoanalyse, befasste sich Anfang des 20. Jahrhunderts intensiv mit dem Seelenleben des Menschen. Bei seinen Untersuchungen stellte er fest, dass die Menschen der damaligen Zeit wenig positiven Zugang zu ihrer eigenen Sexualität besaßen und deshalb häufig krank wurden. Er war einer der ersten Wissenschaftler, der die Ansicht vertrat, dass alle Menschen sexuelle Wesen sind – sogar Kinder. Freuds Theorien sind heute stark umstritten, dennoch konnten Wissenschaftler viel von ihm lernen. Die psychoanalytische Forschung hat sich in der Vergangenheit viel damit befasst, wie wir zu unserem Geschlechtsbewusstsein kommen. Wie kommt es, dass wir uns als Junge/Mann bzw. Mädchen/Frau wahrnehmen (oder auch als keines von beidem)?

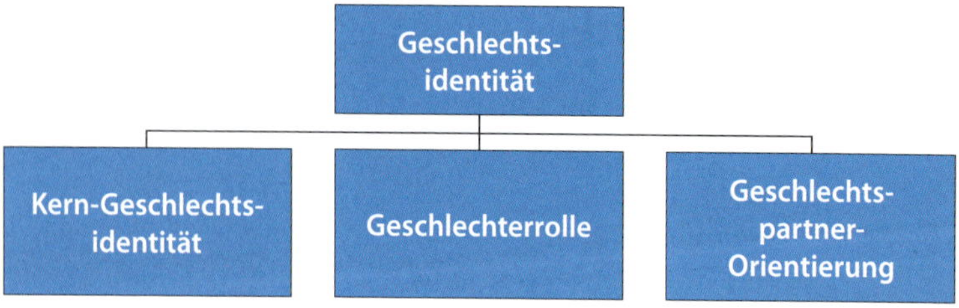

Abb. 1 Vgl. Mertens, 1997, 23

Kern-Geschlechtsidentität: Bezeichnet den Umstand, dass ein Mensch in der Lage ist, sich einem Geschlecht zuzuordnen und sich als „männlich" bzw. „weiblich" zu verstehen. Dieses Empfinden ist sozial konstruiert, da Kinder zum einen ihr primäres Geschlechtsmerkmal (Penis bzw. Scheide) wahrnehmen können. Zum anderen werden sie von ihrem sozialen Umfeld (Eltern, Großeltern, Onkel, Tanten, Lehrerinnen u. v. a. m.) in ihrer Geschlechtsidentität bestärkt. Dies erfolgt in den ersten Lebensjahren indirekt, bspw. werden ihnen gewisse Spielzeuge geschenkt (Autos für Jungen, Puppen für Mädchen) oder das Zimmer und die Kleidung werden geschlechtsspezifisch ausgewählt. Wenn die Kinder älter sind und ihre *Geschlechtsrolle* bereits in Teilen erkannt haben, wird durch die Peergroup geschlechtsspezifisches Verhalten bestärkt (vgl. Schmidt/Sielert, 2012).

Geschlechtspartner-Orientierung: Meint den Umstand, welches Geschlecht ein Mensch als (Sexual-)Partner bevorzugt. Nach Freuds Auffassung sind alle Menschen grundsätzlich zur Bisexualität fähig. Eine klarere Vorstellung, welches Geschlecht bevorzugt wird, erfolgt erst in der Pubertät. Dennoch bleibt der Mensch sein Leben lang in der Lage, sich bisexuell zu verhalten.

Nachdem die verschiedenen pädagogischen Aspekte, die biologisch-medizinischen Aspekte und die psychoanalytischen Aspekte betrachtet wurden, wendet sich das letzte Kapitel der soziologischen Perspektive zu.

1.4 Sexualität aus soziologischer Perspektive

Die Soziologie als Wissenschaft befasst sich mit gesellschaftlichen Verhältnissen. In Bezug auf Sexualität haben sich Soziologen in der Vergangenheit vor allem mit veränderten Norm- und Moralvorstellungen beschäftigt. So fanden sie heraus, dass Sexualität – und wie sie gelebt wird –, gesellschaftlichem Wandel unterworfen ist. War es um 1900 noch gesellschaftlich geboten, sich sexuell enthaltsam zu geben (keinen Sex vor der Ehe zu haben), so ist dies heute nicht mehr der Standard (vgl. Neubauer, 2002). Auch was innerhalb einer heterosexuellen Ehe sexuell erlaubt war, war teilweise gesetzlich geregelt. So konnten bspw. Männer von ihren Frauen – zumindest theoretisch – Geschlechtsverkehr einklagen (vgl. Fend, 2003). Homosexualität wurde durch den § 175 StGB bis 1994 zur Straftat erklärt. Erst mit der 1968er-Bewegung veränderte sich auch das gesellschaftliche Verständnis von Sexualität.

Zusammenfassend kann also folgende Begriffsannäherung unternommen werden:

> **MERKE** **Sexualität** ist eine humane Triebenergie, die lebenslang besteht, die kulturell, historisch, biografisch, geschlechts- und schichtspezifisch geprägt ist, verschiedenartige sexuelle Ausdrucksformen annehmen kann (Homosexualität, Bisexualität, Heterosexualität) und sowohl körperliche als auch seelische Aspekte umfasst sowie unterschiedliche Geschlechterkomponenten annehmen kann (Inter- und Transsexualität).

TIPP

Bücher zum Thema

Lemmen, K. u. a.: Sexualität wo-hin? Hinblicke, Einblicke, Ausblicke. Band 49. Deutsche AIDS-Hilfe e. V., 2005 (kostenlos über AIDS-Hilfe zu beziehen)

Internetadressen

www.sexualmedizin.charite.de/
www.berlin.de/sen/gender/genderinfos/links.html

Ansprechpartner

Deutsche Gesellschaft für Sexualforschung: http://dgfs.info/category/aktuelles/

Deutsche Gesellschaft für sozialwissenschaftliche Sexualforschung: www.rolf-gindorf.de/

Deutsche Gesellschaft für Geschlechtserziehung: www.dgg-ev-bonn.de/

Institut für Interdisziplinäre Genderforschung und Diversity (IGD): https://www.fh-kiel.de/index.php?id=2911

GenderKompetenzZentrum der Humboldt Universität zu Berlin: www.genderkompetenz.info/

Feministisches Institut: www.glow-boell.de/

Institut für Queer Theory: www.queer-institut.de/

Magnus-Hirschfeld-Zentrum: http://mh-stiftung.de/

MODUL 2: SEXUALWISSENSCHAFT

2

Nachdem in Modul 1 der Frage nachgegangen wurde, wie der Begriff des Sexuellen zu verstehen sein kann, befasst sich Modul 2 mit der Frage nach der wissenschaftlichen Betrachtungsweise des Sexuellen. Dabei sei vorweg angemerkt, dass das Feld der Sexualwissenschaften **interdisziplinär** angelegt ist. Kein Wissenschaftszweig allein vermag die Komplexität des Sexuellen zu greifen. Dieses Modul setzt sich vorrangig mit der Sexualpädagogik als Bezugswissenschaft für den Heilerziehungspfleger auseinander.

Sexualpädagogik ist eine Unterkategorie der Pädagogik, die sich sowohl mit der sexuellen Sozialisation als auch mit der erzieherischen Einflussnahme auf das Sexuelle befasst, mögliche erzieherische Interventionsmöglichkeiten erforscht und reflektiert (vgl. Sielert, 2005). Gerade die neuere Sexualpädagogik versteht sich als *Pädagogik der Lebensphasen* und ist deshalb bemüht, sich allen sexuellen Erscheinungsformen in allen Lebensstadien zu nähern. Dies führte in der jüngsten Vergangenheit zu neueren Forschungsgebieten wie beispielsweise der Sexual-Gerontologie (Sexualität im Alter), die sich gerade im Aufbau befindet (ebd.). An diesem Umstand kann auch deutlich gemacht werden, dass Forschung immer im Kontext mit der Lebenswirklichkeit der Menschen steht. In einem Land, in dem die Mehrzahl der Menschen immer älter wird, wächst auch der Wunsch nach Erforschung von Alterssexualität.

> **MERKE** **Sexualpädagogik** ist die wissenschaftliche Teildisziplin der Gesamtpädagogik, die selbst auf mehrere andere Wissenschaften angewiesen ist (Hopf, 2002, 13).

Sexualerziehung leitet sich aus den wissenschaftlichen Erkenntnissen der Sexualpädagogik ab und versucht, (positiven) Einfluss auf die Entwicklung sexueller Motivationen, Verhaltens- und Ausdrucksformen einschließlich Einstellungs- und Sinnesaspekten zu nehmen (ebd.). Die Grenzen zwischen Sexualerziehung und Sexualberatung sind entsprechend fließend.

> **MERKE** **Sexualerziehung** ist die theoriegeleitete Praxis, die sich auf das Thema Sexualität in der Gesamterziehung bezieht. **Sexualpädagogik** kann dabei als ein Teil der Sozial- und Gesundheitserziehung verstanden werden, die wiederum einen Aspekt der Gesamterziehung darstellt. Sexualerziehung gibt Hilfen zum Verstehen und zum Umgang mit sexuellen Gefühlen, sie erweitert die Kenntnisse über sexuelle Vorgänge und über die Regeln des gesellschaftlichen Verhaltens (Hopf, 2002, 13).

Wichtig bei allen sexualerzieherischen Maßnahmen ist, dass diese in die Gesamterziehung integriert werden müssen. Sexualität darf nicht zu einem „Sonderthema" stilisiert werden, das es lediglich dann zu bearbeiten gilt, wenn das Sexuelle Probleme bereitet. **Sexualerziehung ist deshalb immer auch Sozialerziehung.**

Aus dieser Fülle an Wissenschaftszweigen ergibt sich, dass Sexualität weit mehr Lebensbereiche betrifft als den Akt des Sex an sich. So differenziert und vielfältig die Sexualwissenschaften sind, so weitreichend ist auch die sexualpädagogische Entwicklungsgeschichte, auf die im folgenden Abschnitt eingegangen wird.

2.1 Geschichte der Sexualerziehung

Immer, wenn eine historische Betrachtung eines Gegenstands in Erwägung gezogen wird, ist es notwendig, sich zu vergegenwärtigen, dass geschichtliche Betrachtungen stets vom jeweiligen Autor und seiner eigenen historisch-politischen Umstände geprägt sind. „Eine objektive Geschichtsschreibung gibt es nicht. Immer werden die Ereignisse der Vergangenheit, angeblich unumstößliche Tatsachen, nach den wissenschaftlichen, kulturellen und ethischen, politischen und geschlechtsabhängigen Vorstellungen der Gegenwartsgesellschaft interpretiert [...]." (Sigusch, 2008, 20) Deswegen sollte gerade in Bezug auf die Sexualwissenschaft kritisch nach gesellschaftlichen Aspekten gefragt werden. Dies geschieht in Bezug auf sexuelle Ausdrucksformen auch in Modul 4.

Für unseren westlich-abendländischen Kulturkreis gilt grundsätzlich, dass der Einfluss des Christentums auf die Bewertung des Sexuellen nicht vernachlässigt werden darf. Aus dieser christlichen Tradition haben sich im Laufe der Jahrhunderte drei Grundströmungen herauskristallisiert (siehe weiter unten). Seit dem 18. Jahrhundert lassen sich erste systematische sexualpädagogische Ideen ausmachen, die u. a. von Basedow, Salzmann, Wolke, Campe, Oest und Winterfeld formuliert wurden. Allerdings waren die Gedanken dieser Herren nicht der Aufklärung über den Geschlechtskörper oder den Fortpflanzungsvorgang, sondern der Verhinderung der Onanie geschuldet. In Campes Buch äußert sich Johann Friedrich, ein Privaterzieher aus Schleswig, wie folgt: „Als Sünde und Laster macht auch die Selbstschändung zeitlich und ewig unglücklich. Sie schwächt alle Kräfte des Geistes und Körpers, macht also zu dem Genuß aller Freuden, wozu Verstand, Gefühl und ein gesunder Körper gehört, unfähig. Auch zu dem Vergnügen, anderen Gutes zu erweisen und ihnen durch seine Kräfte zu nützen, macht sie ungeschickt. So wie sie Freunde und Glückseligkeit raubt, so setzt sie Mißvergnügen und Elend an die Stelle." (Oest in Campe, 1787, 394 f.)

Salzmann hingegen ging weiter, indem er forderte, **Onanisten** ihrer „schrecklichen" Tat direkt zu überführen und sie dafür zu bestrafen. Wie in Modul 4 ausführlicher erläutert wird, hatten diese Ideen wiederum Auswirkungen auf die aufkommende Psychiatriebewegung, die vehement Onanie als krankhaft stigmatisierte. Mit Freuds Schriften („Drei Abhandlungen zur Sexualtheorie", 1905) veränderte sich die wissenschaftliche Haltung in Bezug auf Sexualität allmählich. Freud ging in seinen Ausführungen so weit, dass er Kindern eine eigene Sexualität zusprach und die Unterdrückung von **sexuellen Trieben** als einen Auslöser für sexuelle Störungen ausmachte – ein Skandal zu jener Zeit. Mit Beginn des 20. Jahrhundert entstanden schließlich erste pädagogische Initiativen, die vor allem im sozialdemokratischen und linken Politikspektrum beheimatet waren, aber sich aufgrund der politischen Gemengelage nicht durchsetzen konnten und deshalb größtenteils theoretischer Natur blieben. Erst mit der Studentenbewegung 1968 existierte ein breiteres gesellschaftliches Bündnis, das eine **radikale Befreiung** von sexuellen Zwängen forderte. Diesmal waren es vor allem die Soziologie und die Psychoanalyse, die das Sexuelle theoretisch aufarbeiteten. Dieses gesellschaftliche Klima der sexuellen Emanzipation führte letztlich dazu, dass ab 1970 in den verschiedenen Bundesländern Sexualerziehung zum Pflichtthema in Schulen wurde – allerdings weniger aus Überzeugung als vielmehr, „um Schlimmeres zu verhindern" (Müller, 1992, 18). Während sich viele in den 1960er-Jahren durch die Revolution des Sexuellen auch eine neue Gesellschaftsordnung – eine von allen Zwängen befreite – erhofften, war schon in den 1970er- und 1980er-Jahren klar, dass die erhoffte gesellschaftliche Befreiung nicht greifen würde. Besonders die 1980er-Jahre waren durch ein Tauziehen zwischen den Juristen und den Pädagogen gekennzeichnet. Das Verfassungsgericht in Karlsruhe entschied, dass Sexualpädagogik an Schulen „sittlich" und „ohne Wertung" zu erfolgen habe (ebd.). Diese juristischen Gefechte hatten zur Folge, dass Sexualpädagogik im schulischen Kontext beinahe zum Erliegen kam. Erst mit den spätfeministischen Fragestellungen, dem Aufkommen von AIDS und den medial begleiteten Missbrauchsskandalen konnte sich die Sexualerziehung wieder in der Mitte der Gesellschaft etablieren. Diese Umstände führten schließlich auch dazu, dass 1992 mit dem „Schwangeren- und Familienhilfegesetz" erstmalig Sexualpädagogik juristisch verankert wurde. Die **Bundeszentrale für gesundheitliche Aufklärung (BZgA)** bekam nun den öffentlichen Auftrag erteilt, mit allen Bundesbehörden – insbesondere im schulischen Kontext – Modellprojekte zur Sexualaufklärung zu entwickeln und zu evaluieren. Seitdem unterstützt die BZgA mit ihren Materialien pädagogische Einrichtungen zum Themenfeld Sexualität.

2.2 Geschichte der Sexualpädagogik

Dem vorangegangenen Kapitel kann entnommen werden, dass weit vor einem theoretischen Diskurs praktische Ansätze der Sexualerziehung im (sozial-)pädagogischen Feld auftauchten. Allgemein lässt sich festhalten, dass erst ab der

Mitte des 17. Jahrhunderts überhaupt theoretische Diskurse in Bezug auf Sexualpädagogik stattfanden (Sielert, 2005). Pionierarbeit empirischer Art leistete in der Bundesrepublik Heinz Hunger, der als erster eine Fragebogenstudie mit Jugendlichen zu deren Sexualwissen durchführte (Hunger, 1954). In der ehemaligen DDR wurden in den 1960er- und 1970er-Jahren viele Dissertationen (Doktorarbeiten) zur Sexualerziehung in der Schule veröffentlicht (z. B. Bach, 1969, Borrmann, 1965). Kritisch-emanzipatorische Gedankengänge entwickelte 1970 Kentler. Gerade zu Beginn der 1970er-Jahre herrschte ein erbitterter theoretischer Kampf zwischen den verschiedenen sexualpädagogischen Strömungen, der sich von christlich-konservativen (traditionell-repressiven), über bürgerlich-liberale bis hin zu gesellschaftskritischen Ansichten erstreckte. Was sich hinter den jeweiligen Strömungen verbirgt, stellt folgende Tabelle differenziert dar:

Traditionell-repressiv	Bürgerlich-liberal	Gesellschaftskritisch
Menschenbild:		
Der Mensch ist von Geburt an sündhaft, ein religiös-personales Wesen. Der *Mann* ist aufgrund seines Naturtriebs sexuell aktiver als die Frau, soll aber vor der Ehe den Trieb unterdrücken oder umlenken. Die *Frau* soll sexuelle Lustempfindungen eigentlich nur bei der Zeugung eines Kindes in der Ehe haben. Ihre „größere Anpassungsfähigkeit, ihr hohes Gefühl von Zuwendung, Fürsorge, Verantwortung und Verschwendung an den anderen, das für die Frau Liebe ist" (Meves 1980, S. 67) und „weil das Denken eben nicht die Hauptfunktion ihres Wesens" ist (ebd., S. 62), dass „weibliches Fühlen … eine Kraftquelle für die schöpferische Leistungsfähigkeit des Mannes ist" (ebd., S. 67).	Der Mensch ist ein sich selbst verantwortendes Wesen, das zur Mündigkeit erzogen werden kann. In (wirtschafts-) liberaler Tradition wird ganz auf das private Individuum gesetzt, demgegenüber Staat und Gesellschaft weitestgehend „draußen" bleiben sollten. Kindern wird von klein auf eine eigene Sexualität zugestanden. Die herkömmlichen Rollenerwartungen von *Mann* und *Frau* werden überwiegend kritisch überdacht. Kennzeichnend ist die Individualisierung des Menschenbilds, in dem eine selbstverantwortliche Persönlichkeit ohne Beziehung zu ihrer politisch-ökonomischen Abhängigkeit gesehen wird.	Der Mensch ist das „Ensemble der gesellschaftlichen Verhältnisse" (Marx), also stets historisch-gesellschaftlich bestimmt. Bei Menschen der spätbürgerlichen Gesellschaft wird die Befreiung des Menschen aus historisch entstandenen Herrschaftsverhältnissen aufgefasst. Bei Menschen des Postmaterialismus stehen kulturelle Definitionsmuster mehr als ökonomische Verhältnisse in einer Wechselwirkung zu den psychischen Strukturen der Menschen. Das wirkt sich nicht nur auf die Sexualität aus, sondern in spezifischer Form auf den Menschen als *Frau* (Sexualität der Frau) bzw. als *Mann* (Sexualität des Mannes) bzw. auf die Optionen für bestimmte Lebensstile und -ziele.

Traditionell-repressiv	Bürgerlich-liberal	Gesellschaftskritisch
Verständnis von Sexualität:		
Sexualität dient der Zeugung von Kindern, nicht der Lust (= Fortpflanzungssexualität). Sie ist ein Haupturheber der Sünde.	Sexualität dient der Zeugung und der Lust. Letztere ist häufig auf Orgasmus fixiert (Orgasmussexualität). Die relativ breiten Toleranzgrenzen gegenüber abweichenden sexuellen Normen und Werten können historisch als Ausfluss der Liberalismus (= Befreiung des dritten Standes, Bürger) aus repressiver Bevormundung verstanden werden: Liberal = freiheitlich = „vorurteilslos" = politisch wertfrei. Sexualität wird stets individuell bewertet, sexuelle Konflikte oft als Folgen persönlichen Versagens gedeutet.	Sexualität wird weder nur der Fortpflanzung noch der individuellen Lust dienend angesehen, sondern im Zusammenhang mit den gesellschaftlichen Möglichkeiten, beides zu leben. Sexualität ist also gesellschaftlich formbar, sie kann kultiviert werden (= Soziosexualität). „Das gesellschaftliche Sein bestimmt auch das sexuelle Sein" (Vornemann).
Gesellschaftliche Funktion von Sexualität:		
Strikte Ausrichtung auf Ehe und Familie. Gewarnt wird vor „Enthemmung" der Sexualität, weil das den moralisch-ethischen Verfall der Gesellschaft bedeuten würde. Sittsames Sexualverhalten in der Ehe wird zur Stütze der Familie, der Sitte, der Kultur und des Staates. Ein Vorwurf geht an die gesellschaftskritisch-emanzipatorische Position: „Hier soll politisch verhetzt und	Liberalisierung der Sexualität gilt als Fortschritt, wobei die gesellschaftlichen Voraussetzungen und Folgen der sog. individuellen Selbstverwirklichung kaum mitgedacht werden: Sexualität kann zu Konsum und Ware werden. Im Leistungsbegriff des (Wirtschafts-) Liberalismus ist „jeder seiner Glückes Schmied": Leistung = Erfolg, der häufig auf äußere und sichtbare Leistungen reduziert wird; Sexualtechniken,	Sexualität wird in zwei Funktionen gesehen: 1. Als Mittel und Medium der Manipulation von Menschen, denen es heute durch Freigabe von Sexualität möglich wird, so weit sexuell ungehemmt zu leben, wie dies für die gesellschaftlichen und wirtschaftlichen Bedingungen funktional und nicht zerstörend ist (= „repressive Entsublimierung", vgl. Adorno/Marcuse).

Traditionell-repressiv	Bürgerlich-liberal	Gesellschaftskritisch
gleichzeitig Anarchie gefördert werden" (Meves 1980, S. 112).	Orgasmuszahl u.a. Weil Sexualität individualisiert und ohne politische Dimensionen betrachtet wird, kann sie Vereinzelung schaffen, die nach gesellschaftlicher Anpassung greift. Diese Position enthält deshalb auch gesellschaftsstabilisierende Elemente.	2. Als dynamisches Moment, das nicht vollständig gezügelt und kanalisiert werden kann und deshalb a) sinnlich befreiend gegen gesellschaftliche Triebunterdrückung wirken kann und b) als „schwarze Seite" Gewalt und Aggression enthält. Da beide Funktionen eng mit gesellschaftlichen Strukturen in Beziehung stehend zu denken sind, ist die gesellschaftliche Funktion von Sexualität gleichzeitig eine politische.
Körper-Seele-Verständnis:		
Der Mensch wird als dualistisches (= zweigeteiltes) Wesen angesehen. Dies taten bereits die Perser (ca. 600 v. Chr.): Zarathustra unterscheidet ein Reich des Lichtes = Seele von einem Geschöpf der Dunkelheit/des Satans = Körper. Aufgabe des Menschen ist es, die Stoff-Körperlichkeit (Sexualität) durch Geist-Seele zu überwinden.	Der Dualismus Körper–Seele ist kaum aufgehoben: Der (körperliche) Sexus wird von der (romantischen) Liebe/Seele getrennt.	Körper und Seele bilden eine physisch-psychologische Einheit. Was immer ein Mensch tut, er tut es stets nur als ganzer Mensch, nicht nur als Leib oder als Selle, als nur Fühlender, Wollender oder als nur Denkender.
Verständnis von Lust:		
Lust wird von alters her meist abgelehnt: „Lust ist der Nagel mit dem der Mensch im Leib festgehalten wird" (Platon). – „Wer eine Frau auch nur lüstern ansieht, hat	Lust wird nicht bloß auf Lockmittel zur Fortpflanzung reduziert, sondern an sich bejaht. Befriedigung von Lust soll im Rahmen von Ehe und Familie erfolgen. Die	Lust kann heute abgelöst vom biologischen Zweck der Fortpflanzung angesehen und zu einem neuen Zweck des Sexualverhaltens werden. Durch die

Traditionell-repressiv	Bürgerlich-liberal	Gesellschaftskritisch
in Gedanken schon Ehebruch begangen" (Matthäus-Evangelium V. Vers 28). Als animalischer Trieb muss Lust sublimiert werden (= in gesellschaftlich akzeptierte Leistungen überführen).	individualistische Sicht dieser Position kann nicht erklären, warum in unserem Gesellschaftssystem Lust so stark vermarktet wird (Pornografie, Werbung).	subtilen gesellschaftlichen Beziehungen, die zwischen Bedürfnissen, Lust und deren Befriedigung bestehen, setzt „Lust" eine Kultivierung der Bedürfnissen Lust und deren Befriedigung voraus, die den ganzen Menschen einschließt (vgl. Kentler 1982, 161). Da der Mensch ein Leib-Seele-Geist-Wesen ist, entsteht Lust nie nur aus der Befriedigung körperlicher Bedürfnisse.
Verständnis von Onanie:		
„Eine kindliche Genitalbetätigung ist nicht natürlich" (Meves 1980, 112). Wenngleich heute kaum noch mit Gesundheitsschädigung (im direkten Sinn) gedroht wird, stellt Onanie immer noch einen schweren Verstoß gegen die sittliche Ordnung dar.	Onanie ist bei Jungen und Mädchen eine normale Entwicklungserscheinung, eine vorübergehende, aber häufig als unreif angesehene Form sexueller Betätigung. Onanie nimmt „den Charakter einer Ersatzhandlung an, erzeugt ein Gefühl der Leere, das seinerseits zu neuer Intensivierung der Spannung, d. h. zu Wiederholung verleitet" (Hamann 1977, 31 f). Für die bejahte Experimentierphase wird gefordert, Angst- und Schuldgefühle abzubauen.	Onanie ist eine gerechtfertigte und wertvolle Form sexuellen Verhaltens. Sie kann a) der Erkundung eigener sexueller Reaktionen und ihrer Vielfalt dienen, sie kann b) legitime (Ersatz-)Befriedigung für einen fehlenden Partner sein, sie kann c) Frauen helfen, ihre durch männliches Sexualverhalten überfremdete eigene Sexualität neu zu erfahren.
Aufgabe der Sexualpädagogik:		
Erziehung zur Ablehnung von Lust an Sexualität, Gewöhnung an Verzicht und an Schamhaftigkeit. Dies	Ziel ist die politisch „wertfreie" objektive Aufklärung und Information, wissenschaftlich abgesichert.	Da Sexualität als gesellschaftliche Funktion gleichzeitig eine politische Funktion enthält, ist Sexualerziehung als

Traditionell-repressiv	Bürgerlich-liberal	Gesellschaftskritisch
wird durch vielfältige Angstmechanismen verstärkt. Es ist eine „Abwehrpädagogik“, die für „eheliche Pflichten“ erziehen will.	Durch eine starke Pädagogisierung kann dabei die persönliche Sexualität von Kindheit an in eine gesellschaftlich funktionale umgeformt werden (Aufklärungsbücher, Lernmittel u.a.). Sexualpädagogische Indoktrination wird scharf abgelehnt.	eine politische Erziehung zu verstehen. Als allgemeines Ziel wird die Befreiung des Menschen aus gesellschaftlichen Zwängen angestrebt. Dabei ist es Aufgabe, den Zusammenhang von gesellschaftlichen Faktoren und Sexualunterdrückung zu untersuchen und durch selbstbewusstes, sinnliches und kollektives Handeln in allen Lebensbereichen zu verändern. Das schließt die Kritik der Institutionen ebenso wie die Verkehrsform am Arbeitsplatz, in der Freizeit, in Schule und Hochschule mit ein.
Defizite dieser sexualpädagogischen Position:		
[Zu viele Defizite, um sie hier aufzuführen]	Durch häufig biologisch-medizinische Konzepte und durch starke Pädagogisierung wird die gesellschaftliche Abhängigkeit der Sexualität vernachlässigt. Es fehlt eine *politische* Dimension, die Einblick in die Zusammenhänge gibt, die zwischen Gesellschaft, Individuum und Sexualität bestehen. Es entsteht der falsche Eindruck von Pluralismus und freier Entfaltungsmöglichkeit des Einzelnen. Häufig wird der Bereich der Sexualität wie eine „technologische Variante“ des menschlichen Verhaltens behandelt.	Häufige Schwierigkeiten bei der Realisierung infolge institutioneller Zwänge, wofür vor allem in der Lehrerausbildung noch immer nicht hinreichend vorbereitet wird.

> **ÜBUNG** Reflexionsaufgabe: Fragen Sie sich selbst, welche der hier aufgeführten Positionen steht Ihnen näher, welche ferner, und weshalb ist das so?

Für die Gegenwart gilt, dass die meisten sexualpädagogischen Konzepte sexualfreundlich und sexualbejahend sind. Viele Konzepte betonen heute die Identitäts-, Beziehungs-, Lust- und Fruchtbarkeitsfunktion der Sexualität und die Gleichwertigkeit verschiedener sexueller Ausdrucksformen (Sielert, 2005). Gerade „Skandale" wie Porno-Rap und ein zu verzeichnender Anstieg des Konsums von Pornografie bewirken, das nach und nach auch Pornografie, Prostitution und sexuelle Gewalt innerhalb der Sexualpädagogik diskursiv verhandelt und reflektiert werden (Herrath/Sielert, 1999). Hierbei ist zukünftig darauf zu achten, dass die mediale Aufmerksamkeit in Bezug auf die Schattenseiten der Sexualität nicht zu einem neuerlichen „roll back" in Zeiten vor der sexuellen Aufklärung führen. Damit kommen wir zu den Themen der Sexualpädagogik.

2.3 Themen der Sexualpädagogik

Besonders Modul 1 hat aufgezeigt, dass Sexualität mehr ist als der sexuelle Akt. Demzufolge steht die Sexualpädagogik in verschiedenen Spannungsfeldern, die mit unterschiedlichen Themen behaftet sind.

So ist einerseits die klassische *Körper- und Sexualaufklärung* Gegenstand einer modernen Sexualpädagogik. Neben den Themen HIV-/AIDS-Prävention rücken vermehrt Fragen nach (Paar-)Beziehung und damit verbundene Identitätsfragen in den Fokus von Sexualpädagogen. Dies ist besonders dem Umstand geschuldet, dass Sorgeberechtigte wieder weniger mit ihren Kindern über sexuelle Entwicklung und Beziehungsproblematiken sprechen (BZgA, 1998).

Gerade in pluralistischen Gesellschaften wie der unseren, die sich verstärkt aufgrund verschiedener Kulturen ausdifferenziert, werden ursprüngliche Orientierungsmuster immer weniger allgemeinverbindlich. Dieser Tatsache muss sich auch die Sexualpädagogik stellen, indem sie *Ethik, Moral und Werteorientierung* differenziert darstellt, hinterfragt und gemeinsam mit ihren Klienten reflektiert – immer mit dem Ziel der Selbstbestimmung des Einzelnen.

Um diese Aufgabenstellungen bewältigen zu können, bedarf es einer angemessenen *Sprache über das Sexuelle.* Die Sprachfähigkeit der Sexualpädagogik ist deshalb so entscheidend, da pädagogische Fachkräfte mit unterschiedlichsten Klienten/Klientinnen über Sexualität ins Gespräch kommen müssen. Diese Sprachfähigkeit muss dabei den Mittelweg zwischen „Geschwätzigkeit" und sachlicher Information finden.

> **ÜBUNG** Überlegen Sie sich verschiedene Wörter für die Geschlechtsteile und teilen Sie diese für sich in die Kategorien „Fachwort" und „Nicht-Fachwort" ein. Überlegen Sie allein/im Team, welche Wörter Sie für angemessen halten und welche nicht, und begründen Sie jeweils warum.

Die sprachlichen Fähigkeiten sind deshalb in der sexualpädagogischen Arbeit Dreh- und Angelpunkt, da sie der Motor für Veränderungen sind. Gerade im Kontext der *Geschlechterverhältnisse* ist es notwendig, eine angemessene Sprache zu finden, um Macht- und Unterdrückungsmechanismen begegnen zu können. Darüber hinaus ist es notwendig, über *sexuelle Orientierungen* differenziert diskutieren zu können. Gegenwärtig geht es im Bereich der sexuellen Identität immer noch um Hilfestellungen für Menschen, die sich im Prozess des Coming-outs befinden. Auf längere Sicht sollte es aber darum gehen, sexuelle Identitäten als gleichwertige Liebes- und Lebenskonzepte darzustellen. Durch den Umstand, dass Deutschland ein „Zuwanderungsland" ist, hat sich in den letzten Jahren ein Augenmerk auf *interkulturelle Sexualpädagogik* gerichtet.

Neben der interkulturellen Öffnung sind in den letzten Jahren die Bereiche *Sexualität und Behinderung* sowie *Alterssexualität* in den Fokus der Forschung gerückt, auch wenn sie bislang noch als unterrepräsentiert gelten müssen.

> **ÜBUNG**
>
> **Die Aufgabe des Heilerziehungspflegers**
>
> - Reflektieren Sie, welcher sexualpädagogischen Strömung Sie sich anschließen können/wollen und welche Konsequenzen das für Ihre heilpädagogische Tätigkeit hat.
> - Diskutieren Sie im Team darüber, welche sexualpädagogische Orientierung Ihre Einrichtung haben soll.
>   - Verankern Sie in Ihrer Einrichtung sexualpädagogische Angebote konsequent im Alltag.
>   - Benennen Sie sexualpädagogische Grundhaltungen in Ihrer Konzeption. Machen Sie auch deutlich, was das konkret für den heilpädagogischen Alltag Ihrer Klienten/Klientinnen bedeutet und verfassen Sie Ihre Konzeption in gendergerechter Sprache. Sprechen Sie konkret von „Klientinnen" und „Klienten".
>   - Diskutieren Sie im Team, wie Sie mit verschiedenen sexualpädagogischen Themen wie Verhütung, gemeinsamen Apartments für homosexuelle und heterosexuelle Paare und Kinderwunsch umgehen wollen.
>   - Diskutieren Sie im Team, wie Sie die Sorgeberechtigten mit in sexualpädagogische Settings integrieren wollen.
>   - Diskutieren Sie in Ihrem Team über Ihre Geschlechterrollen.
> - Entwickeln Sie eine „sexuelle Sprache", die Sie mit Ihren Klienten/Klientinnen sprechen wollen. Wie wollen Sie bspw. die Geschlechtsteile benennen?

> **TIPP**
>
> **Hilfestellungen zum Thema im Internet**
>
> www.profamilia.de
> www.isp-dortmund.de
> www.bzga.de
>
> **Bücher**
>
> Koch, F.: Sexualität, Erziehung und Gesellschaft – Von der geschlechtlichen Unterweisung zur emanzipatorischen Sexualpädagogik. Frankfurt am Main: Peter Lang Europäischer Verlag der Wissenschaften, 2000
>
> Sigusch, V.: Geschichte der Sexualwissenschaft. Frankfurt am Main: Campus, 2007

3 MODUL 3: SEXUALITÄT UND RECHT – SEXUAL(STRAF)RECHT, UN-KONVENTION, YOGYAKARTA-PRINZIPIEN

Menschliches Zusammenleben in komplexen Gesellschaften wie der unseren erfordert Absprachen und Regelungen. Diese Regelungen sind notwendig, damit gesellschaftliches Leben überhaupt möglich wird. Durch sogenannte Rechtsvorschriften soll gewährleistet werden, dass der Alltag konfliktfreier gestaltet werden kann. Rechtsvorschriften könnten demnach auch als Spielregeln verstanden werden. Dabei wird das Recht von Sitten, Gebräuchen und gesellschaftlicher Moral bestimmt und ist deshalb wie alle menschlichen Umstände stetiger Wandlung unterworfen. So waren beispielsweise bis 1994 homosexuelle Gemeinschaften nach § 175 Strafgesetzbuch (StGB) strafbar. Gleichgeschlechtlich liebende Menschen können heute eine eingetragene Lebenspartnerschaft eingehen und sind keinen rechtlichen Repressionen[3] mehr ausgesetzt.

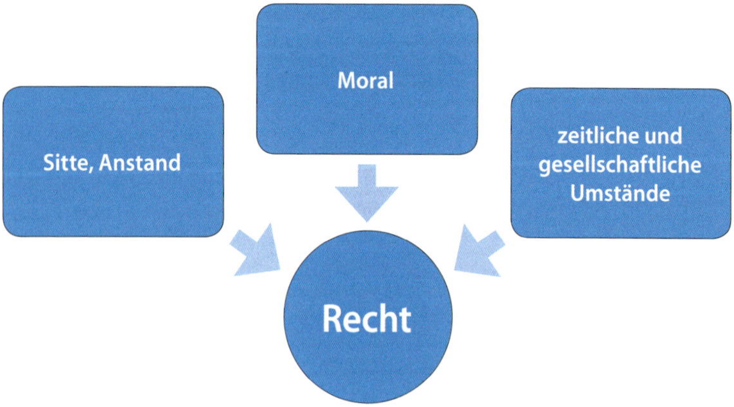

Abb. 1 Zusammensetzung des Rechts

[3] Repression: die Unterdrückung bzw. strafrechtliche Verfolgung von etwas

Recht kann als Gesamtheit aller geltenden Rechtsvorschriften verstanden werden, die in Gemeinschaften verbindlich sind, für dessen Durchsetzung es feste „staatliche Strukturen" (Generalstaatsanwaltschaften, Gerichte) gibt und das die Beziehungen zwischen Personen (z. B. Mietverhältnis, Eltern-Kind-Verhältnis) oder Personen und Sachen (z. B. Eigentumsverhältnis) regelt. (vgl. Hundmeyer, 2007)

Die Komplexität des Rechts ist in den vergangenen Jahren stark angestiegen. Dies ist unter anderem dem Umstand der Globalisierung zu verdanken. Grundsätzlich ist dabei zu bedenken, dass Recht immer auch Ausdruck gesamtgesellschaftlicher Veränderungsprozesse ist. So hat sich erst in den vergangenen Jahren die rechtliche Situation von Menschen mit Behinderung verändert – von Bevormundung hin zur Selbstbestimmung.

3.1 Öffentliches und privates Recht

Innerhalb des Rechts lassen sich verschiedene Rechtsgebiete unterscheiden:

- Privatrecht
- Öffentliches Recht

Für das **Privatrecht** gilt, dass alle Bürger/-innen gleichberechtigt sind. Das bedeutet, dass, wenn Menschen in privatrechtlichem Sinne zusammenkommen, sie sich auf gleicher Ebene befinden. Grundsätzlich kann jeder Mensch seine Privatangelegenheiten selbstständig regeln, soweit er damit nicht die Rechte seiner Mitmenschen (Dritter) verletzt oder aber das Gemeinwohl gefährdet. Die wichtigsten Regelungen für das Privatrecht sind im Bürgerlichen Gesetzbuch (BGB) festgehalten. Besonders wichtig sind hierbei Regelungen über Vertragsrecht und Schadensersatzrecht (vgl. Hundmeyer, 2007)

Das **öffentliche Recht** hingegen regelt das Verhältnis von Bürgern/Bürgerinnen in Bezug auf den Staat, die Gemeinden und anderweitige öffentliche Rechtsträger (z. B. Sozialversicherungen, Krankenkassen). Häufig werden diese Beziehungen durch sogenannte Verwaltungsakte vollzogen (z. B. Zulassungsbescheid zum Studium, Gewährung eines Reha-Platzes). Im Gegensatz zum Privatrecht sind Bürger/-innen und öffentliche Rechtsträger *nicht gleichberechtigt*. So sind sie gewissen Rechtsorganen (z. B. der Polizei) gegenüber zunächst untergeordnet. Damit diese Unterordnung nicht missbraucht werden kann, hat unser Rechtsstaat das Grundgesetz, über dessen Einhaltung das Bundesverfassungsgericht (Sitz in Karlsruhe) wacht. Alle gesetzgebenden Organe (z.B. Bundestag), die Verwaltungsorgane (z.B. Bundesregierung) und die Gerichte verpflichten sich, sich an die Grundrechte zu halten, die in Artikeln 1 bis 19 Grundgesetzt (GG) verankert sind. Dies wird besonders in Artikel 1 Abs. 3 Grundgesetz deutlich, wenn es dort heißt: „Die nachfolgenden Grundrechte binden Gesetzgebung, vollziehende Gewalt und Rechtsprechung als unmittelbar geltendes Recht". Artikel 20 Abs. 3 Grundgesetz erweitert das Ganze, indem er besagt: „Die Gesetzgebung ist an die verfassungsmäßige Ordnung, die vollziehende Gewalt und die Rechtsprechung sind an Gesetz und Recht gebunden". Mit diesen grundrechtlichen Vorgaben wird in unserem Rechtsstaat gewährleistet, dass die Bürger/-innen immer die Möglichkeit haben, gegen Beschlüsse von Behörden Einspruch einzulegen. Ungeachtet dessen gibt es innerhalb des öffentlichen Rechts die Möglichkeit (z. B. für die Polizei), Anordnungen auszusprechen, noch bevor die Bürger/-innen Einspruch einlegen können. Dies ist beispielsweise dann der Fall, wenn unmittelbare Gefahr droht. So kann die Polizei anordnen, dass Kinder- und Jugendliche Orte verlassen müssen, an denen ihnen körperliche, geistige oder seelische Schäden drohen könnten.

3.2 Juristische und natürliche Rechtsträger

Unser Rechtssystem unterscheidet zwischen juristischen und natürlichen Personen, die rechtsfähig sind.

Zunächst ist jeder Mensch eine natürliche Person.

Juristische Personen können sowohl ein Zusammenschluss von Menschen sein (z. B. eingetragener Verein) oder ein Zusammenschluss von Vermögensmasse (z. B. Gesellschaft mit beschränkter Haftung – GmbH). Im öffentlichen Recht existiert auch noch die juristische Person (z. B. Gemeinde).

Der Begriff **Rechtsfähigkeit** beschreibt den Umstand, dass natürliche Personen Rechte und Pflichten besitzen (vgl. Schneck, 1999).

Die Grundrechte: Der erste Teil des Grundgesetzes (GG) befasst sich mit den **Grundrechten** (Artikel 1–19). Die Grundrechte bilden den Sockel des Rechtsstaats und stehen allen Bürger/-innen universell, d. h. ungeachtet ihrer ethnischen Herkunft, ihrer religiösen oder weltanschaulichen Überzeugung, ihres Geschlechts, ihrer sexuellen Identität oder ihrer Behinderung zu. Wobei eine kleine Einschränkung gemacht werden muss: So ist die **Grundrechtsfähigkeit**, also die Fähigkeit, Träger von Grundrechten zu sein, auf natürliche Personen beschränkt. Auch unterscheidet das Grundgesetz zwischen **jeder Person = Menschenrechte** oder zwischen **Deutschen = Bürgerrechte**. So beispielsweise Artikel 2 Abs. 2 GG: „**Jeder** hat das Recht auf Leben und körperliche Unversehrtheit", aber Artikel 11 Abs. 1 GG: „**Alle Deutschen** genießen Freizügigkeit […]" Neben dieser Einschränkung müssen noch zwei weitere Einschränkungen gemacht werden (vgl. Schneck, 1992).

Die wichtigsten grundgesetzlichen Bestimmungen im Kontext von Behinderung stellt Artikel 3 GG da, der die Gleichheit vor dem Gesetz deutlich macht. Niemand darf wegen seiner Ethnie, seiner Sprache, seiner Hautfarbe, seines Glaubens, seiner religiösen oder politischen Anschauung benachteiligt oder bevorzugt werden. Seit 1994 werden Menschen mit Behinderung besonders hervorgehoben: „Niemand darf wegen seiner Behinderung benachteiligt werden."

Des Weiteren ist Artikel 1 GG von großer Bedeutung, da dieser die Menschenwürde schützt, die es auch bei allen neuen Gesetzen zu berücksichtigen gilt.

Artikel 2 GG garantiert die Freiheit der Person und deren Recht auf freie Entfaltung der Persönlichkeit und das Recht auf körperliche Unversehrtheit, die lediglich da Einschränkungen erfährt, wo Rechte Dritter beschnitten werden.

Grundrechtsmündigkeit: Jede natürliche Person ist grundrechtsfähig, aber die selbstständige Befugnis, dieses Grundrecht auszuüben, ist damit noch nicht gewährleistet. Die Selbstständigkeit kann entweder aufgrund von Minderjährigkeit durch gesetzliche Bestimmungen (Jugendschutzgesetz) seine Grenzen finden oder aber aufgrund einer Behinderung völlig entfallen. Je nach Schwere der Behinderung muss ggf. ein gesetzlicher Vertreter bestimmt werden (dies können die Sorgeberechtigten sein – oftmals die Eltern), der im Sinne des Betroffenen seine Rechte wahrnimmt und gegenüber Dritten (z. B. Behörden, Gerichten, Krankenkassen) vertritt. Allerdings soll darauf geachtet werden, dass **höchstpersönliche** Rechtsgebiete von der Person selbst möglichst entschieden werden. Zu den höchstpersönlichen Rechtsgebieten zählen nach aktueller Rechtslage das Recht über die Religionszugehörigkeit (§ 5 RelKErzG), eigenständiges Beschwerderecht (§ 59 FGG), Testierfähigkeit (§ 2229 BGB), Eidesmündigkeit (§§§ 60 Nr. 1, 61 Nr. 1 StPO).

> **MERKE** Zusammenfassend kann gesagt werden, dass Grundrechte *universell* sind, das heißt, sie gelten für alle Menschen. Das Grundgesetz garantiert in seinen ersten 19 Artikeln, dass die Bürger/-innen unveräußerliche Rechte haben, die sie schon im Moment der Zeugung übertragen bekommen.

Menschenrechte: Neben dem Grundrecht als elementarem Rechtsgut ist die Erklärung der allgemeinen Menschenrechte wichtigster Pfeiler für die moderne rechtliche Lebensgestaltung. Die Menschenrechte haben, in geschichtlichem Zusammenhang betrachtet, eine lange Tradition. Schon in der griechisch-römischen Antike sind Ansätze zu finden, die sich später weiter in humanistischen Ideen ausdifferenzieren (vgl. Oesterreich, 1968). Ihren politischen Ausdruck fanden die Menschen während der französischen Revolution, in der die Bürger/-innen gleiche Rechte für sich einforderten und damit die bis dahin geltende Ständeordnung gewaltsam ablösten. Seither haben sich die Menschenrechte erweitert und ausdifferenziert (Koenig, 2005). Häufig werden in der Literatur die Begriffe „Menschenrechte" und „Bürgerrechte" synonym verwandt. Die Bundesrepublik Deutschland hat im Grundgesetz klar geregelt, dass die Menschenrechte für diesen Staat Geltung besitzen. So wurde dieser Tradition folgend die im Dezember 2006 von der Generalversammlung der Vereinten Nationen (UN) einstimmig das „Übereinkommen der Vereinten Nationen über das Recht von Menschen mit Behinderungen" (Behindertenkonvention – BRK) verabschiedet. Die Ratifizierung (Übernahme der Konvention in nationales Recht) wurde von der Bundesrepublik 2009 vorgenommen.

3.3 Behindertenrechtskonvention – Entstehungsgeschichte

Trotz aller rechtsstaatlichen Bemühungen sind Menschen mit Behinderung auch in Deutschland immer noch fremdbestimmt und damit stets der Gefahr der Menschenrechtsverletzung ausgesetzt. 1993 wurde ein Bericht vom UN-Sondergesandten Leandro Despouyus verfasst, der die wichtigsten Menschenrechtsverletzungen aufführte (Zwangssterilisation, Verbot von Heirat und Familiengründung). Diese Feststellung führte aber nicht sofort zur Behindertenkonvention, sondern lediglich zur „Rahmenbestimmung für die Herstellung der Chancengleichheit für Behinderte". Diese Bestimmung hat allerdings keinen verpflichtenden Charakter.

> **MERKE** **UN-Konventionen**, die ratifiziert werden, haben rechtlich verbindenden Charakter für die UN-Mitgliedsstaaten. Rahmenbedingungen haben lediglich empfehlenden Charakter!

Das Besondere an der Behindertenkonvention war das Motto *„Nicht über uns ohne uns"*. Noch nie in der Geschichte der UN-Konventionen wurde von den betroffenen Menschen so viel Wert auf die Partizipation (Mitbestimmung) Wert gelegt wie bei der Behindertenrechtskonvention. Deutschland schickte Theresa Degener (Juristin mit Behinderung) als Abgesandte (vgl. Lachwitz, 2007). Am 13. Dezember 2006 wurde die Behindertenkonvention durch die UN-Generalversammlung beschlossen.

> **MERKE** **Menschenrechtskonventionen** sind die rechtlich symbolträchtigsten und mächtigsten juristischen Mittel, die der Menschheit zur Verfügung stehen. Die Vereinten Nationen (der Zusammenschluss fast aller Länder der Erde) einigen sich dabei gemeinsam auf grundlegende rechtliche Rahmenbedingungen, die für alle Menschen, deren Staaten die Konvention ratifizieren, gelten sollen.

3.4 Behindertenrechtskonvention – Bedeutungswandel

Mit der verabschiedeten Konvention ist es erstmals in der Geschichte gelungen, Menschen mit Behinderung nicht mehr als defizitäre Wesen zu betrachten, die medizinisch versorgt werden müssen (vgl. Häfner, 2007). Dank der Neuerung hat sich eine emanzipatorische Sichtweise auf Behinderung durchgesetzt, die darauf baut, Menschen mit Behinderung mithilfe von Rehabilitationsmaßnahmen an die Gesellschaft anzupassen (Köbsell, 2010). Damit wird erstmalig anerkannt, dass Behinderung eine gesellschaftliche Vorstellung ist, die letztlich zur Ausgrenzung führt. Oder anders ausgedrückt: Man wird nicht behindert geboren, sondern durch gesellschaftliche Umstände (z. B. durch Barriere-Unfreiheit, fehlende Gebärdendolmetscher) zum Behinderten gemacht.

> **MERKE** Die Einführung der Behindertenkonvention ist deshalb so bedeutend, da Menschen mit Behinderung zum ersten Mal in der Geschichte nicht mehr als Problemfälle wahrgenommen werden, sondern es werden ihnen unveräußerliche Menschenrechte zugestanden.

3.5 Behindertenrechtskonvention – Bedeutung für die sexuelle Selbstbestimmung, sexuelle Ausrichtung und Sterilisation

Der Begriff der sexuellen Selbstbestimmung ist innerhalb der Konvention nicht explizit zu finden. Aus der Rechtstradition aber lässt sich ableiten, dass die sexuelle Selbstbestimmung durch die Konvention abgedeckt ist. Unter „sexuelle Selbstbestimmung" fallen nach gegenwärtiger Auffassung der Schutz der Privatsphäre, der Schutz der Würde und der Schutz vor Diskriminierung jeglicher Art (vgl. Arnade, 2009). Neben dem Schutz der Privatsphäre ist auch der Schutz vor Diskriminierung aufgrund der sexuellen Identität zu nennen. So berichten viele Menschen mit Behinderung, dass sie, wenn sie gleichgeschlechtlich orientiert sind (schwul/lesbisch/bisexuell) oder den Geschlechtsnormen nicht entsprechen (trans-/intersexuell), doppelter Diskriminierung ausgesetzt sind (vgl. Teichert, 2007).

> **MERKE** **Doppeldiskriminierung** bezeichnet den Umstand, dass eine Person aufgrund von zwei Ausgrenzungsmerkmalen, z. B. Behinderung und Homosexualität, erniedrigenden Äußerungen/Handlungen ausgesetzt ist. (Siehe auch Modul 4).

Neben dem Diskriminierungsverbot thematisiert die Behindertenkonvention auch das Thema *Sterilisation*. Viele Sorgeberechtigten haben Angst davor, dass ihre Töchter schwanger werden könnten, sobald sie eine Partnerschaft eingehen (vgl. Pro Familia, 2006). Häufig versuchen sie deswegen, ihre Töchter zu einer Sterilisation zu überreden. Sterilisation ist vor dem 18. Lebensjahr gesetzlich verboten. Nach einer intensiven Beratung über psychische und physische Folgen kann nach Vollendung des 18. Lebensjahres eine Sterilisation vorgenommen werden.

Zusammenfassend kann gesagt werden, dass durch die Verabschiedung der Behindertenkonvention das erste Mal in der Geschichte Menschen mit Behinderung nicht mehr als bedürftige Menschen angesehen werden, sondern als selbstbestimmte Wesen, denen ein Anrecht auf selbstbestimmte Sexualität zugestanden wird. Trotz dieser positiven Entwicklung bleibt kritisch zu fragen, weshalb eine „nicht behinderte" Mehrheitsgesellschaft sich das Recht herausnimmt, über Lebens- und Liebeskonzepte behinderter Menschen zu bestimmen. Diesen Aspekt gilt es auch innerhalb der heilerziehungspflegerischen Diskurse immer kritisch zu beleuchten und zu reflektieren.

Neben der Behindertenkonvention sind noch zwei weitere Rechtserklärungen zu bedenken, zum einen die Erklärung der sexuellen Menschenrechte (Declaration of Sexual Rights) und die Yogyakarta-Prinzipien.

3.6 Erklärung der sexuellen Menschenrechte und Yogyakarta-Prinzipien

Die „Erklärung der sexuellen Menschenrechte" wurde bereits am 26. August 1999 durch die Generalversammlung der World Association for Sexual Health (WAS) in Hongkong verabschiedet. Die WAS betont, dass sexuelle Rechte ebenfalls universell und unveräußerlich sind, da Sexualität einen Teil des Menschen darstellt.

Insgesamt umfasst die Deklaration elf Punkte:

1. **Das Recht auf sexuelle Freiheit**
   Sexuelle Freiheit als sexuelle Selbstbestimmung umfasst die Freiheit einer jeden Person, ihre Sexualität ungestraft zum Ausdruck bringen zu können. Dies schließt aber jeglichen Zwang, sexuelle Ausbeutung und sexuellen Missbrauch aus.
2. **Das Recht auf sexuelle Autonomie, sexuelle Integrität und körperliche Unversehrtheit**
   Dieses Recht inkludiert die Möglichkeit, über das eigene Sexualleben und das Recht auf Selbstbefriedigung selbstständig entscheiden zu dürfen.
3. **Das Recht auf eine sexuelle Privatsphäre**
   Dieses Recht beinhaltet individuelle Entscheidungen und Verhaltensweisen in unserem Intimleben, so lange diese keine Sexualrechte Dritter beeinträchtigen.
4. **Das Recht auf sexuelle Gleichwertigkeit**
   Dieses Recht beinhaltet den Ausschluss jeder Art von Diskriminierung aufgrund von Geschlecht, Geschlechterrolle, sexueller Orientierung, Alter, Ethnie, sozialer Schicht, Religion oder körperlicher oder seelischer Behinderung.
5. **Das Recht auf sexuelle Lust**
   Sexuelle Lust einschließlich Onanie ist eine Quelle körperlichen, seelischen, geistigen und spirituellen Wohlbefindens.
6. **Das Recht auf Ausdruck sexueller Empfindungen**
   Alle Menschen haben das Recht, ihre Sexualität durch alle Formen der Kommunikation, Berührungen, Gefühle und Liebe zum Ausdruck zu bringen.
7. **Das Recht auf freie Partnerwahl**
   Dieses Recht beinhaltet, zu heiraten oder nicht zu heiraten, wen man möchte, sich scheiden zu lassen oder jegliche andere Art verantwortungsbewusster Beziehungsform zu wählen, die für einen selbst angemessen scheint.
8. **Das Recht auf freie und verantwortungsbewusste Fortpflanzungsentscheidungen**
   Dieser Abschnitt beinhaltet das Recht, selbst zu entscheiden, wie viele Kinder man haben möchte, zu welchem Zeitpunkt und in welchem Abstand. Darüber hinaus hat jeder das Recht auf ungehinderten Zugang zu Mitteln der Fruchtbarkeitskontrolle.

9. **Das Recht auf wissenschaftlich fundierte Sexualaufklärung**
   Dieses Recht beinhaltet, dass sexuelles Wissen in einem Prozess unabhängiger wissenschaftlicher Forschung erarbeitet und anschließend ungehindert allen sozialen Schichten zugänglich gemacht wird.
10. **Das Recht auf umfassende Sexualerziehung**
    Dieser Abschnitt umfasst einen lebenslangen Prozess (von der Geburt bis zum Tod), in dem man durch alle sozialen Institutionen Sexualerziehung erhalten kann.
11. **Das Recht auf sexuelle Gesundheitsfürsorge**
    Allen Menschen soll eine angemessene Gesundheitsfürsorge in Bezug auf alle sexuelle Fragen und Probleme inklusive der Behandlung von sexuellen Störungen zur Verfügung stehen. (Gindorf, 2013)

Die Yogyakarta-Prinzipien wurden zur Anwendung der Menschenrechte in Bezug auf sexuelle Orientierung und geschlechtliche Identität im November 2006 von namhaften internationalen Menschenrechtsexpertinnen und -experten auf einer Konferenz im indonesischen Yogyakarta entwickelt. Insgesamt verfassten die Experten 29 Prinzipien, die sich auf die allgemeinen Menschenrechte beziehen (vgl. Hirschfeld-Eddy-Stiftung, 2008).

TIPP

Bücher

Barabas, F. K.: Sexualität und Recht. Ein Leitfaden für Sozialarbeiter/-innen, Pädagogen/-innen, Juristen/Juristinnen, Jugendliche und Eltern. Frankfurt am Main: Fachhochschulverlag, 1998

Clausen, J., Herrath, F. (Hrsg.): Sexualität leben ohne Behinderung. Das Menschenrecht auf sexuelle Selbstbestimmung. Stuttgart: Kohlhammer, 2013

4 MODUL 4: SEXUELLE ERSCHEINUNGSFORMEN – HETERO-, HOMO-, INTER- UND TRANSSEXUALITÄT

In Modul 1 haben wir uns mit der Frage des Sexuellen und der Geschlechtsidentität befasst. In Modul 4 setzen wir uns mit der Geschlechtsrollen-Orientierung auseinander. An dieser Stelle werden sowohl Erklärungsansätze geliefert, wie sich die sexuelle Identität eines Menschen entwickelt, als auch die Probleme genannt, die sich ergeben können, wenn die sexuelle Identität nicht der Norm entspricht.

4.1 Forschungsergebnisse zur sexuellen Identität

Wie bereits in Modul 1 erwähnt, ist menschliche Sexualität erlernt. Auch wird schon recht früh unbewusst gelernt, welche sexuellen Verhaltensweisen innerhalb einer Gesellschaft erwünscht bzw. unerwünscht sind. Sowohl durch implizite Zuschreibungen, z. B. in Form von Spielmaterial, als auch in expliziten Äußerungen wie „du Schwuchtel" wird deutlich, dass sexuelle Ausdrucksweisen gesellschaftlich verstärkt bzw. bestraft werden.

Nun stellt sich die Frage, wie der Mensch eigentlich seine sexuelle Identität erwirbt. Grundsätzlich muss zunächst eine Einschränkung gemacht werden: Innerhalb der wissenschaftlichen Literatur gibt es kaum Forschungen darüber, warum ein Mensch *heterosexuell* wird. Hingegen existieren Bibliotheksregale voll mit Forschungsberichten bezüglich der Frage, wie Homosexualität entsteht.

Dieser ungleiche Forschungsstand ist auch Ausdruck gesellschaftlicher Bewertung von sexueller Identität. Gesamtgesellschaftlich stellt Heterosexualität immer noch die unangefochtene „normale" Sexualität dar. Deshalb gilt für fast alle Forschungsergebnisse in diesem Feld, dass sie implizit Heterosexualität als normal ansehen. Von diesem Standpunkt aus werden dann andere sexuelle Identitäten untersucht und klassifiziert und als abweichendes Verhalten begriffen. Aus emanzipatorischer sexualwissenschaftlicher Perspektive ist an dieser Stelle kritisch zu hinterfragen, weshalb diese Norm unreflektiert hingenommen wird.

> **MERKE** Die meisten wissenschaftlichen Publikationen zum Thema „sexuelle Identität" befassen sich mit von der Heterosexualität abweichenden sexuellen Ausdrucksformen. Erst in der jüngsten Vergangenheit wird durch die Queer-Forschung die Norm der Heterosexualität kritisch hinterfragt.

4.2 Historische Rückgriffe auf die Bewertung der sexuellen Identität

Diese Normierung der Sexualität als Heterosexualität ist an sich eine Erfindung der Neuzeit. Im antiken Griechenland (die Wiege der modernen Zivilisation) existierte noch kein Begriff für Homosexualität. Dieser Begriff, wie wir ihn heute verwenden, wurde erst zu Beginn des 19. Jahrhunderts von Karl Maria Kertenbeny geprägt (vgl. Fiedler, 2004).

Das antike Europa

Moralische Verurteilung bestimmter sexueller Ausdrucksformen waren in der antiken Welt fremd. Dies ist auch dem Umstand geschuldet, dass in der Antike der Götterglaube stark ausgeprägt war. Gottheiten wie z. B. Eros konnten sich angeblich eines Menschen bemächtigen und dessen Handlungen leiten. Eine Auflehnung gegen die Besitzergreifung durch die Gottheit wäre erfolglos gewesen. Folglich konnte Eros Menschen auch dazu verleiten, homosexuelle Beziehungen einzugehen. Dieser zwanglose Umgang mit Sexualität führte dazu, dass innerhalb der Literatur und des Theaters der Antike offen und häufig in ironischer Weise über Sexualität gesprochen wurde. So ist etwa bekannt, dass Vergil (antiker Dichter 70–19 v. u. Z)[4] ausschließlich homosexuelle Beziehungen hatte. Kaiser Claudius (10–54 n. u. Z)[5] hingegen pflegte regelmäßig sexuellen Kontakt zu verschiedenen Frauen, was seine Ehefrau ihm übel nahm und weshalb sie ihn vergiftete. Horaz (römischer Dichter 65–8 v. u. Z) bekannte sich öffentlich zu seiner Bisexualität.

> **MERKE** In der antiken Welt gab es noch keine Begrifflichkeiten für Homo- oder Heterosexualität. Insgesamt wurde auch in der Öffentlichkeit offen mit Sexualität umgegangen. Viele Vasenmalereien belegen, dass sowohl heterosexuelle als auch homosexuelle Paarkonstellationen öffentlich gelebt wurden. Allerdings wurden aufgrund der ausschweifenden Sexualität auch konservativere Stimmen lauter, die Zurückhaltung in Bezug auf Sexualität forderten.

Allerdings muss einschränkend darauf hingewiesen werden, dass sich dank eines zunehmend ausschweifenden Sexuallebens innerhalb der römischen Gesellschaft nach und nach Widerstand regte. Der Philosoph Plotin (204–269 n. u. Z) forderte

---

[4] V. u. Z = vor unserer Zeitrechnung. Wird anstelle von „vor Christus" verwandt, da die christliche Zeitrechnung auch innerhalb der Geschichtswissenschaften umstritten ist.

[5] N. u. Z = nach unserer Zeitrechnung

eindringlich dazu auf, sich keusch zu verhalten und Sexualität stärker im Zusammenhang mit Fortpflanzung zu sehen.

Das antike Israel

Neben den Grundlagen der Demokratie, die die westlichen Gesellschaften den antiken Griechen zu verdanken haben, spielt das Erbe des antiken Israels bis in die Gegenwart eine zentrale Rolle für unsere heutige Kultur. Das „auserwählte Volk", dessen Religion sich das Christentum im Laufe der Jahrhunderte zu Eigen gemacht hat, hatte klare Vorstellungen in Bezug auf Sexualität und deren Bewertung. Unter König Salomon (972–932 v. u. Z) wurde Sexualität als Geschenk Gottes angesehen, das in Bezug auf Fortpflanzung mit Freude gelebt werden sollte. Die Überbetonung der **Fortpflanzung** und damit einhergehend der Heterosexualität ist nicht verwunderlich vor dem Hintergrund, dass sich das Volk Israel von Anbeginn an immer gegen feindlich gesinnte Stämme und Nationen durchsetzen musste. Diese Durchsetzung ist aber nur mit einer hohen Zahl an Mitbürgern zu leisten. So verwundert es auch nicht, dass jede sexuelle Form, die nicht der Fortpflanzung diente, als „widernatürlich" galt und bestraft wurde. So wird bspw. Onan (daher der Begriff Onanieren = Selbstbefriedigung) von Gott getötet, da er lieber sein Sperma zu Boden fallen lässt, als es zur Fortpflanzung zu nutzen (Genesis 38). Da die anderen Staaten bei weitem offener mit dem Thema Sexualität umgingen, war es für das antike Israel notwendig, klare Grenzen in Bezug auf Sexualität zu zeigen (vgl. Fiedler, 2004). Die Übernahme dieser Fortpflanzungssexualität folgte durch das aufkommende Christentum. Gerade zur Zeit Jesu entstanden im Römischen Reich zahlreiche asketisch-religiöse[6] Strömungen, die den menschlichen Körper und jegliche Erscheinungsform von Sexualität als **unrein** verachteten und ihre Mitglieder dazu aufriefen, enthaltsam zu leben.

Katholische Kirche

Jesus von Nazareth (ca. 4 v. u. Z bis 30 n. u. Z.), der als Wanderprediger viel Zustimmung fand und später zur Gallionsfigur des Christentums aufstieg, sprach fast nie über Sexualität. Er predigte vielmehr, dass gerade **Außenseitern** der Gesellschaft mit Respekt und Akzeptanz begegnet werden sollte (Lukas 7,36–50; Johannes 8,1–11). Allerdings teilten nicht alle seine Anhänger diese **liberale Grundhaltung**. So verurteilte bspw. Jesus' Nachfolger Paulus jegliche Form der Sexualität, die nicht der Fortpflanzung diente – insbesondere Homosexualität (Brief an die Römer 1,26-27; 1. Brief 7,38). Auch erklärte Paulus, dass der Zölibat[7] noch über der Ehe und dem Fortpflanzungsauftrag stünde (1. Korinther 7). Diese **dogmatische** Haltung wurde über die Jahrhunderte von vielen Kirchenvätern wie bspw. Aurelius Augustinus (345–430) geteilt. Augustinus ging sogar so weit, den sexuellen Akt als sündhaft zu brandmarken. Seiner Meinung nach waren „die willentlich nicht zu beeinflussenden Körperreaktionen beim Geschlechtsverkehr ein erschrecken-

---

6 Asketisch: griechisch = sich selbst schulend. In diesem Kontext beschreibt es den Umstand, dass religiöse Schulen die Menschen dazu aufforderten, komplett auf sexuelle Regungen zu verzichten, um damit eine Art Selbstbeherrschung zu erreichen.

7 Der Zölibat: lateinisch = Ehelosigkeit. Bezeichnet eine religiöse Praxis, die es von katholischen Geistlichen verlangt, auf sexuelle Kontakte und Lebenspartnerinnen zu verzichten.

des Zeichen für die Versklavung des Fleisches. Sie waren die bittere Konsequenz des Sündenfalls von Adam und Eva" (Fiedler, 2004, 22). Die strikte Haltung gegen jedweden sexuellen Ausdruck führte dazu, dass mit der Einführung des Christentums als Staatsreligion im Römischen Reich Gesetze gegen sexuell abweichendes Verhalten eingeführt wurden, die bspw. Homosexualität unter Todesstrafe stellten.

Wurde bislang dem Sexuellen wenig Aufmerksamkeit zuteil, so wurde nun jegliches sexuelles Verhalten argwöhnisch vom **Sittenwächter Kirche** beobachtet. Jede Abweichung von der kirchlichen Norm wurde fortan gerichtlich von der Kirche verfolgt und geahndet (vgl. Fiedler, 2004). Dabei unterschied sich die kirchliche Rechtsprechung insofern von der weltlichen Rechtsprechung, dass auf freiwillige Geständnisse der Übeltäter gehofft wurde. Da die Idee der Sünde mittlerweile stark in die Gesellschaft Einzug gehalten hatte, gestanden die Menschen ihre Sünden in der Hoffnung, dass ihre Seelen dennoch in den Himmel fahren könnten. Die Strafen wurden detailliert in sogenannten Bußbüchern niedergeschrieben. Auszüge aus den Bußbüchern belegen, dass unterschiedliche sexuelle Vergehen unterschiedlich hart bestraft wurden. So wurde bspw. Ehebruch mit sieben Jahren bestraft, Masturbation und unbeabsichtigte Orgasmen im Schlaf waren weniger sündhaft. Homosexualität und sexueller Kontakt mit Tieren wurden sogar mit 22 Jahren bestraft. Die Strafe bestand darin, dass die Schuldigen in weiße Tücher gehüllt, ohne Kopfbedeckung, jeden Tag vor der Kirchentür erscheinen mussten und eine schwere Kerze vor sich trugen. War die Strafe abgegolten, erhielten die Verurteilten ein Dokument über die Ableistung ihrer Strafe (vgl. Fiedler, 2004).

Mit Thomas von Aquin (Dominikanermönch 1225–1274) veränderte sich erstmals die starre Haltung der Kirche. War zuvor jeglicher sexueller Kontakt als sündhaft angesehen worden, so stellte Thomas den Zusammenhang zwischen der Natur Gottes und der damit verbundenen Aufforderung, sich fortzupflanzen, her. Thomas deklarierte nun Sexualität als etwas Natürliches, von Gott Gewolltes. Davon abweichendes Verhalten bezeichnete Thomas als „widernatürlich", also gegen Gottes Vorstellung von „natürlich" gerichtet. Mit diesem für die damalige Zeit revolutionären Denken wurde Sexualität nicht mehr per se verurteilt, so lange sie zur Zeugung von Nachkommenschaft und in der heiligen Ehe stattfand. Allerdings wurden andere Formen der Sexualität, z. B. Onanie/Masturbation und Homosexualität, weiterhin verdammt und fortan als ‚widernatürliche Strebung' verurteilt.

Vom Mittelalter in die Neuzeit

Während der langen Episode der Inquisition im 12. und 13. Jahrhundert, die an Grausamkeit und Menschenverachtung in der Geschichte seinesgleichen sucht, wurden Tausende von Menschen durch Kirchengerichte gefoltert, verstümmelt und ermordet. Besonders Frauen, denen Hexerei vorgeworfen wurde, weil sie sich bspw. mit Kräuterkunde auseinandersetzten bzw. als Hebammen tätig waren, wurden häufig Opfer der kirchlichen Verfolgung. Meistens wurde diesem Personenkreis Sodomie vorgeworfen. Dabei bezog sich die Kirche auf die biblische Geschichte Sodoms. Die Stadt Sodom wurde angeblich aufgrund gottlosen Lebens der Einwohner von Gott zerstört. Der Begriff der Sodomie wurde zum Kampfbegriff gegen vermeintlich verwerfliche Sexualpraktiken. Auch heute noch wird das geflügelte Wort „Zustände wie in Sodom und Gomorra" verwandt, um angeblich verwerfliche Lebensumstände zu verdeutlichen. Da allerdings der kirchliche Einfluss innerhalb der Gesellschaft nach und nach schwand, musste die weltliche Macht in Form von weltlichen Gesetzten gegen die Sodomie angehen. Dies geschah bspw. in Artikel 116 der „Peinlichen Gerichtsordnung" von Kaiser Karl V aus dem Jahr 1532. Dort wurden homosexuelle Menschen fortan als Sodomiten[8] bezeichnet. Diese „Verbrechen wider die Natur" wurden mit dem Feuertod bestraft. Auch heterosexueller Analverkehr stand unter Strafe. Darüber hinaus wurden Masturbation oder Formen des Fetischismus[9] mit langer Kerkerhaft oder Landesverweis bestraft. Diese Verquickung zwischen weltlicher und kirchlicher Macht wurde besonders in der Tatsache deutlich, dass nicht mehr die Kirchenvertreter allein für harte Strafen plädierten, sondern die Juristen selbst ein hartes Durchgreifen forcierten, da sie Angst vor Gottes Zorn in Form von Naturkatastrophen und Seuchen hatten. Diese Sorgen führten auch dazu, dass häufig **Naturkatastrophen** und Seuchen mit dem Verweis auf das unzüchtige Leben einzelner widernatürlicher Menschen erklärt wurden. Dieses Erklärungsmuster griff bis in die jüngste Zeit im Zusammenhang mit dem Aufkommen von AIDS in den 1960er-Jahren. Damals erklärten hohe katholische Kirchenvertreter, dass AIDS eine Schwulenseuche sei, die Gott gesandt habe, um diesen Lebensstil zu bestrafen.

Reformation, Gegenreformation und weltliches Rechtsgeschehen

Mit dem Trienter Konzil (1563) festigte die katholische Kirche ihre Haltung in Bezug auf die natürliche Sexualität. Erst durch Martin Luther (1483–1546) und die aufkommende Reformation wurde ab 1517 die Vormachtstellung der katholischen Kirche in Bezug auf ethisch-moralische Fragen geschwächt. Der Augsburger Religionsfrieden von 1555 und die zunehmenden Übertritte von Landesfürsten zum Protestantismus drängten die katholische Gerichtsbarkeit mehr und mehr zurück. Dennoch verbreitete sich weiterhin ein **sexualfeindliches Klima**. Dies lag vor allem an den sozial-politischen Umständen jener Zeit. Da in vielen Teilen Europas Überbevölkerung ein zunehmendes Problem darstellte, versuchten nun weltliche Juristen, Sexualität stärker über Gesetze zu regulieren. Dies bedeutete zum einen, dass sowohl die Sodomiten weiterhin bestraft wurden, aber auch, dass sexuelle Kontakte außerhalb der Ehe strafbar waren. „Wilde Ehen"[10] wurden ebenfalls bestraft, da sie nun nach weltlicher Anschauung, die immer noch stark von christlichen Ideen geprägt war, nicht gottgefällig waren und damit sündhafte Handlungen darstellten.

---

[8] Als Sodomie wurde im Mittelalter häufig auch der sexuelle Verkehr mit Tieren bezeichnet.

[9] Fetischismus: Der Begriff „Fetisch" bezeichnet ein Objekt, das zur sexuellen Stimulation genutzt (und benötigt) wird. Dies kann bspw. etwas Konkretes wie ein Kleidungsstück, aber auch etwas weniger Greifbares wie ein Geruch sein.

[10] „Wilde Ehe" ist bis heute die Bezeichnung für eine heterosexuelle geschlechtliche Verbindung ohne Trauschein. In der Gegenwart ist dies in den wenigsten Fällen problematisch. Allerdings muss einschränkend gesagt werden, dass eine „wilde Ehe" bis heute von staatlicher Seite nicht – bspw. durch Ehegattensplitting oder ähnliche Steuervorteile – begünstigt wird, obwohl wie in einer Paarverbindung mit Trauschein Verantwortung (bspw. bei Krankheit) für den Partner/die Partnerin übernommen wird.

Zusätzlich breitete sich die Syphilis immer weiter aus. Dies hatte zur Folge, dass nach und nach soziale Handlungen wie bspw. das gemeinsame Essen aus einer Schüssel nicht mehr stattfanden. Auch begannen die Menschen mit Messer und Gabel zu essen und beim gemeinsamen Baden im Fluss wurde nun nach Geschlechtern getrennt (vgl. Fiedler, 2004).

Aufkommen der Wissenschaft und Aufklärung

Im 17. Jahrhundert wandelte sich das Bild vom Menschen und von Sexualität grundlegend. Der Beginn der Aufklärung und die damit verbundenen politischen Forderungen nach **Gleichheit der Menschen**, das Recht auf Leben und Vorformen unserer heutigen Menschenrechte veränderten auch die Einstellung der Bevölkerung gegenüber der Sexualität. Die Französische Revolution (1789) setzte schließlich die Ansichten der Naturrechtslehre durch. Diese Ideen stellten auch die absolute Gotteshörigkeit bzw. Kirchenhörigkeit in Frage. Denis Diderot (1713–1784) vertrat bspw. die These, dass Masturbation sinnvoll sei, um das seelische Gleichgewicht zu wahren. Auch Giacomo Casanovas (1725–1798) Geschichten seiner zahlreich „eroberten" Frauen verbreiteten sich schnell. Für Frankreich war besonders Marquis de Sade[11] (1740–1814) bedeutend, der mit seinen Sexualpraktiken die Wertvorstellungen vieler Franzosen infrage stellte. Diese Anstöße führten dazu, dass in Frankreich mit dem „Code Pénal" (1810) Masturbation, Homosexualität, Sex mit Tieren und außerehelicher Geschlechtsverkehr für straffrei erklärt wurden. Außerdem wurde das Mindestalter für sexuelle Handlungen auf das 12. Lebensjahr gesenkt. Diese Veränderungen wurden vorrangig durch wissenschaftliche Erkenntnisse innerhalb der Medizin befördert. War es bis ins 18. Jahrhundert üblich, Bettler, Menschen mit Behinderungen und psychisch Kranke in sogenannte Zuchthäuser zu stecken, veränderte sich dieser Umstand langsam.

Die aufkommende **Psychiatriebewegung** war bemüht, dass erste Mal zwischen Straffälligen und psychisch/physisch Kranken zu unterscheiden, auch wenn sie zu Beginn noch stark durch politische Einflüsse geprägt war. Einzelne Vorkämpfer wie bspw. der Arzt Johann Weyer versuchten bereits 1563 zu erklären, dass „eigenartige Handlungen" von Menschen nicht zwangsläufig mit Hexerei oder der Besitzname von bösen Dämonen zu erklären seien, sondern es sich um Krankheitssymptome handle, die es gelten müsse zu heilen. Die Veröffentlichung Weyers „De Praestigiis Daemonum" (Von der Täuschung der Dämonen) wurde von der katholischen Kirche auf den Index gesetzt und war damit verboten. Erst mit dem Aufkommen der Aufklärung wurden jene mutigen Vorkämpfe gewürdigt und anerkannt. Bei weitem nicht alle Staaten waren so offen wie Frankreich. Das Allgemeine Preußische Landrecht (1794) und das österreichische Strafgesetz (1803) griffen hart bei „widernatürlichen" Sexualhandlungen durch. Ausnahme für Deutschland bildete das bayerische Strafrecht (1813), das sich stark am französischen Recht

[11] Marquis de Sade veröffentlichte Bücher, in denen er beschrieb, wie er gewaltvollen Sex mit Prostituierten hatte. Auf ihn geht auch der Begriff „Sadomasochismus" zurück. Dennoch sollte darauf hingewiesen werden, dass sadomasochistische Praktiken nicht ausschließlich auf das Klischee der peitschenden Domina zu reduzieren sind, sondern eine sexuelle Spielart darstellen, in der sich Menschen freiwillig in bestimmte Rollen begeben und u.a. durch Schmerz oder das Zufügen von Schmerzen lustvolle sexuelle Höhepunkte erreichen können.

orientierte. Auch die Königreiche Württemberg, Hannover und die Herzogtümer Braunschweig stellten „widernatürlichen" Sexualkontakt lediglich dann unter Strafe, wenn diese Akte erzwungen wurden. Dies änderte sich erneut mit der Machtergreifung der **Nationalsozialisten** im Jahre 1935, die homosexuelle Handlungen erneut empfindlich bestraften. Bis 1969 blieben die Strafen für Homosexualität (§ 175) bestehen. Erst 1994 wurde der § 175 und damit die Strafverfolgung von Homosexualität endgültig ersatzlos gestrichen.

Diese Veränderungen dürfen aber nicht darüber hinwegtäuschen, dass sich gerade in der jüngeren Vergangenheit Medizin, Psychologie, Soziologie und (Sozial-) Pädagogik trotz der Aufklärungsepoche schuldig gemacht haben, indem sie sich vor und während der nationalsozialistischen Herrschaft dazu instrumentalisieren haben lassen, Sexualität in Teilen wieder zu verurteilen und als krankhaft zurückzuweisen.

1710 erschien in England „Onanie, oder die abscheuliche Sünde der Selbstbefleckung und all ihre schrecklichen Folgen für beide Geschlechter, betrachtet mit Ratschlägen für Körper und Geist". Der Autor ist unbekannt. Dennoch hatte dieses Werk weitreichende Folgen, insofern, dass nun auch in Erziehungseinrichtungen Selbstbefriedigung wieder zunehmend verpönt war. Teilweise ging das so weit, dass nächtliche Kontrollgänge des Erziehungspersonals stattfanden und überprüft wurde, ob die Jungen onanierten. Darüber hinaus wurden die Hände der Jungen häufig ans Bett gefesselt, um sie am Onanieren zu hindern. Auch wurde – besonders Jungen – erzählt, Onanieren führe zu Gehirnaufweichung und Rückenmarksschwund sowie zur Minderung der Sehkraft, Störung der Verdauung oder zur Impotenz. Sogar chirurgische Eingriffe wie das Herausschneiden der Klitoris oder das Verätzen der Nervenbahnen der Geschlechtsorgane waren keine Seltenheit.

Anders als mit Jungen wurde mit Mädchen selten über Sexualität gesprochen, da sie lange Zeit nicht als sexuelle Wesen wahrgenommen wurden. Diese Theorie wurde besonders vom Schweizer Arzt Samuel Tissot in seinem Werk „Onanismus – oder eine Abhandlung über Krankheiten, die durch Masturbation entstehen" unterstützt. Sein Buch wurde alsbald in viele europäische Sprachen übersetzt und führte dazu, dass die Medizin sich in ganz Europa dem Kampf gegen die Onanie verschrieb. 1867 fügte der angesehene britische Psychiater Henry Maudsley hinzu, dass durch Masturbation auch Geisteskrankheiten entstünden (Masturbationswahnsinn). Er bezeichnet diese Art von Krankheit als Perversion. Diese Begrifflichkeit bestimmte fortan die Diskurse über sexuelle Abweichungen. Die junge Psychiatriewissenschaft machte den Fehler, sich nicht auf Datenerhebungen und Befragungen zu verlassen. Vielmehr wurde Ärzten wie Heinrich Kann Aufmerksamkeit geschenkt, der mit seinem Buch „Psychopathia Sexualis" die These vertrat, dass fast alle Menschen an einer „phantasia morbosa" (krankhaft-sinnliches Fantasieleben) leiden. Darunter fielen für ihn gegenseitige homosexuelle Masturbation, Sex mit Tieren, sexueller Kontakt mit Gegenständen und Leichenschändung. Sein Buch war es, das die Psychiatrie dazu antrieb, immer neue Bücher mit weiteren sexuellen Abweichungen zu veröffentlichen. Die Psychiatrie setzte letztlich – auf medizinischer Basis – das fort, was die Kirchen im Mittelalter angefangen hatten (vgl. Fiedler, 2004).

Kurz zusammengefasst kann gesagt werden, dass auch die Psychiatrie Sexualität auf die Formel verkürzte: „Sexualität [ist] gesellschaftlich nur als heterosexueller Geschlechtsverkehr zwischen Menschen tolerierbar, wenn dieser zum richtigen Zweck (dem der Fortpflanzung), mit der richtigen Person (dem Ehepartner) und in der richtigen Weise (durch Koitus) erfolgt(e)" (Fiedler, 2004, 33).

Bénédict Augustin Morel (französischer Psychiater, 1809–1873) führte 1857 schließlich die Degenerationslehre ein, die davon ausgeht, dass der Mensch innerhalb der Menschheitsgeschichte wiederkehrend ungünstigen Einflüssen ausgesetzt war, die dazu führten, dass einzelne Menschenrassen „entartet" bzw. „degeneriert" seien. Diese Entartungen/Degenerationen, so Morel, würden auch vererbt werden, was in der Konsequenz bedeuten würde, dass die Medizin ihnen möglichst frühzeitig entgegenwirken müsse. Diese Begriffsbildung fällt in den zeitlichen Kontext des aufkommenden Sozialdarwinismus (19. Jahrhundert), der davon ausgeht, dass man als Krimineller oder Abartiger geboren wird. Das Problem mit diesen beiden theoretischen Ansätzen besteht darin, dass diese zum einen rasche Verbreitung in Europa fanden und, aufgeheizt durch soziale Unruhen bspw. in der Weimarer Republik und später durch die Nationalsozialisten, weiter genutzt wurden, um ungeliebte Randgruppen und Oppositionsführer zu eliminieren. Dies ging so weit, dass die Nationalsozialisten diese Theorien nutzen, um *wertes* von *unwertem Leben* zu unterscheiden und unwertes Leben (Menschen mit Behinderungen, Sinti und Roma, Homosexuelle, Juden) zu brandmarken.

Erst mit der zweiten Frauenbewegung, an der sich auch Schwule und Lesben beteiligten, und mit der **68er-Studentenbewegung** veränderte sich auch der Blick auf Sexualität und auf sexuelle Orientierung, hin zu einer stärkeren Tolerierung sexueller Minderheiten. Mit der Einführung der eingetragenen Lebenspartnerschaft 2001 wurden gleichgeschlechtlich liebende Menschen erstmals in der deutschen Geschichte auch rechtlich gestärkt, indem sie nun ihre Liebe öffentlich standesamtlich eintragen lassen können. Trotz dieses rechtlichen Fortschritts ist der Weg der Emanzipation noch nicht beendet, da auch auf rechtlicher Ebene bis in die Gegenwart nicht die volle Gleichstellung der eingetragenen Lebenspartnerschaft mit der heterosexuellen Ehe erreicht ist. Auch das Adoptionsrecht gilt bisher nicht für homosexuelle Paare.

> **MERKE** Die Erforschung und Bewertung von Sexualität ist immer in einen historischen und gesellschaftlichen Zusammenhang gebettet. Deshalb ist Forschung im Allgemeinen und Sexualforschung im Speziellen konsequent im Kontext der Zeit und der Umstände, in der sie betrieben wird, zu sehen. Sexuelle Normen und Werte sind daher nicht zeitstabil, sondern sind fortwährend kulturellen, historischen und milieuspezifischen Beurteilungen unterlegen. Dies gilt insbesondere immer für sexuelle Minderheiten. Forschung ist trotz aller Bemühungen niemals wertfrei!
>
> Es ist darum sinnvoll, bei allen „(sexual-)wissenschaftlichen" Ergebnissen zu fragen, von wem, in welchem Auftrag, mit welchem Ziel die Forschung betrieben wurde.

4.3 Coming-out und Coming-out-Modelle

Trotz aller Liberalisierungstendenzen innerhalb moderner westlichen Gesellschaften ist das Gewahrwerden der eigenen Homosexualität für die Betroffenen immer noch eine problematische Situation. Das sogenannte Coming-out (Aus-sich-herauskommen) ist dabei als Prozess des eigenen Bewusstwerdens der eigenen Homosexualität zu verstehen. Dabei ist das Coming-out in gesellschaftliche Kontexte eingebettet. Das Outing ist für die betroffenen Personen schwierig, da sich damit auch ihre gesellschaftliche Rolle wandelt. „Alle Menschen sind immer gleichzeitig Individuen und Kinder von Eltern. Beide Rollen ändern sich aber im Laufe des Lebens mehrmals. Das ist mitunter schmerzhaft." (Flammer/Alsker, 2002, 107)

Dieser Umstand muss konsequent bedacht werden, da für das Coming-out gilt, dass dieses einen **lebenslangen Prozess** darstellt, weil die Betroffenen in jeglicher neuen sozialen Situation erneut entscheiden müssen, ob sie sich offenbaren wollen oder nicht. Schon Erikson verwies darauf, dass die Entwicklung der eigenen (sexuellen) Identität ein lebenslanger, meist unbewusst fortlaufender Prozess ist (vgl. Erikson, 1995).

Bevor das Coming-out-Modell nach Colman (1982) vorgestellt wird, werden noch einige grundlegende Erkenntnisse in Bezug auf Alter und Kontext des Coming-outs wiedergegeben.

Grundsätzlich gilt für alle im (heil-)pädagogischen Arbeitsfeld Tätigen nach Sozialgesetzbuch 8 (SGB VIII – KJHG – Kinder- und Jugendhilfegesetz), dass eine **gleichberechtigte Teilhabe** aller jungen Menschen gewährleistet sein muss. In § 3 (3) des Ausführungsgesetzes von Berlin zum KJHG in der Fassung von 1995 heißt es: „Jugendhilfe hat der Ausgrenzung und Randständigkeit entgegenzuwirken und dabei Toleranz und gleichberechtigte gesellschaftliche Teilhabe zu fördern. Das gilt auch für den Umgang mit Menschen gleichgeschlechtlicher sexueller Orientierung". Daraus folgt, dass Heilerziehungspfleger/-innen per Gesetz dazu angehalten sind, heilpädagogisch darauf hinzuwirken, dass homosexuellen Klienten/Klientinnen das Recht auf ihre sexuelle Selbstbestimmung zugestanden wird. Dies schließt auch die Auslebung ihrer sexuellen Neigungen innerhalb von (Wohn-)Heimen ein.

Das hauptsächliche Problem homosexueller Jugendlicher ist die gefühlte Einsamkeit. Der Umstand, dass sich ein Wandel auch innerhalb der Medien vollzogen hat (in vielen Daily Soaps gibt es mittlerweile homosexuelle Charaktere), ändert nichts daran, dass die wenigsten homosexuellen Klienten/Klientinnen reale Vorbilder haben, an denen sie sich orientieren können.

Berliner Jugendstudie „Sie liebt sie. Er liebt ihn.": Die bislang wichtigste Studie zum Thema Homosexualität von Jugendlichen stammt aus dem Jahr 1997 und wurde von der Berliner Senatsverwaltung in Auftrag gegeben. Unter dem Titel „Sie liebt sie. Er liebt ihn. Eine Studie zur psychosozialen Situation junger Lesben, Schwuler und Bisexueller in Berlin" wurden 224 Fragebögen an Jugendliche und junge Menschen bis zum 27. Lebensjahr über Lesben- und Schwulenprojekte, Lesben- und Schwulenreferate an Universitäten und schwul-lesbische Jugenddiskos verteilt. Außerdem wurden die Träger der freien Jugendhilfe um Verteilung gebeten. In einigen schwul-lesbischen Medien wurde ebenfalls auf die Befragung aufmerksam gemacht. Der Befragungszeitraum betrug zwei Monate. Von 223 Fragebögen konnten 217 ausgewertet werden: 106 von Mädchen und 111 von Jungen.

40 % der Befragten waren zwischen 15 und 21 Jahre alt, knapp 60 % älter. Fast jeder vierte der Befragten ging noch zur Schule, die meisten besuchten ein Gymnasium, knapp 40 % absolvierten ein Studium, 15 % befanden sich in Ausbildung. Daraus kann der Schluss gezogen werden, dass die Mehrzahl der Befragten einen höheren Bildungsabschluss aufwies. Dies liegt aber auch an den Verteilungswegen der Studie. 49 % der Befragten sind aus den alten Bundesländern 46 % aus den neuen Bundesländern. Auffallend waren die Ergebnisse insofern, als dass die meisten Jugendlichen zunächst heterosexuelle Erfahrungen gesammelt hatten. Für rund 60 % der Mädchen gilt eine heterosexuelle Erfahrung als sexuelle Ersterfahrung. Im Schnitt machten die Mädchen mit 16,6 Jahren ihre erste heterosexuelle Erfahrung und mit 18,7 Jahren ihre erste lesbische Erfahrung.

Sexuelle Erfahrungen: Für die Jungen gilt, dass diese im Schnitt mit 16,1 Jahren ihre erste heterosexuelle Erfahrung gemacht hatten und mit 17 Jahren ihre erste schwule Erfahrung machen konnten. Lediglich 17 % der Jungen machten eine heterosexuelle Erfahrung. Daraus folgt, dass Mädchen tendenziell eher zunächst heterosexuelle Erfahrungen machen, bevor sie lesbische Erfahrungen sammeln.

Gefühl der Andersartigkeit: Bei den meisten Jugendlichen kommt zwischen dem 12. und 17. Lebensjahr zum ersten Mal das Gefühl auf, „anders zu sein". Die Jungen bemerken es im Schnitt bereits mit 13,7 Jahren, die Mädchen hingegen „erst" mit 15 Jahren. Jedes fünfte Mädchen und jeder zehnte Junge hat sich nie anders gefühlt, was entweder darauf hinweisen kann, dass sie die Gefühle von Andersartigkeit nicht wahrgenommen oder sich selbst von Beginn an als „normal" angesehen haben. Sowohl bei den Mädchen als auch bei den Jungen ist an den Altersdaten abzulesen, dass sie ihre Gefühle für das gleiche Geschlecht schon vor dem ersten Mal hatten. Gerade für die Mädchen gilt deswegen, dass die meisten ihre sexuellen Neigungen vorerst zugunsten einer heterosexuellen Paarbeziehung ignoriert haben.

Coming-out: Ungeachtet ihrer Selbstbezeichnung (self labeling) sind sich 94 % der Jungen und 91 % der Mädchen ihrer Homo- bzw. Bisexualität sicher. Das durchschnittliche Coming-out-Alter lag bei 16,9 Jahren (Mädchen) und 16,5 Jahren (Jungen). Bei einem Viertel der Jugendlichen, die sich ihrer Homo-/Bisexualität sicher sind, dauerte das innere Coming-out (siehe nachfolgend) knapp ein Jahr. 36 % der Mädchen und 30 % der Jungen benötigten vier bis acht Jahre für das innere Coming-out.

Reaktionen des sozialen Umfelds – die Eltern: Die meisten Jugendlichen glaubten, dass ihre Eltern insgesamt eine positive Einstellung zur Sexualität im

Allgemeinen hätten. Aber 32 % der Mädchen und 25 % der Jungen hatten eine Mutter, die Homosexualität ablehnend gegenüberstand. 35 % der Mädchen und 42 % der Jungen hatten einen Vater, der eine negative Haltung gegenüber Homosexuellen hatte. Dennoch wussten (bzw. ahnten) 80 % der Eltern, dass ihr Kind homosexuell ist, meist aus persönlichen Gesprächen. 88 % der Mädchen und 92 % der Jungen, die sich ihrer sexuellen Identität sicher waren, hatten sich bereits vor den Eltern „geoutet".

Zwei Mädchen und fünf Jungen wurden nach ihrem Outing des elterlichen Hauses verwiesen. Weitere negative Reaktionen waren das Leugnen der Situation, der Vorschlag, eine Psychotherapie zu machen, oder der Versuch, den Umstand zu einer pubertären Phase zu erklären. Einige Eltern suchten die „Schuld" bei sich.

Reaktionen des sozialen Umfelds – Freunde/Schulkameraden: 94 % der Mädchen gaben an, dass ihre Freundinnen über ihre Homosexualität Bescheid wüssten. Bei den schwulen Jungen wussten es 81 % der Freunde. Mit 60 % bewegen sich die meisten Jugendlichen sowohl in heterosexuellen als auch in homosexuellen Freundeskreisen. Jeder Zehnte jedoch hat vorrangig heterosexuelle Freunde/Freundinnen.

Etwa ein Drittel der Befragten hat sich gegenüber Lehrkräften geoutet. Ein Drittel der Mädchen hat mit Mitschülern/Mitschülerinnen über seine sexuelle Identität gesprochen, bei den Jungen waren es 38 %.

Gerade in der Schule erfahren homosexuelle Jugendliche sowohl von Mitschülern/Mitschülerinnen als auch von Lehrkräften negative Reaktionen. Etwa jeder Sechste wurde von männlichen Mitschülern abgelehnt. 12 % der Jungen klagten über negative Reaktionen vonseiten der Lehrkräfte. Die häufigsten negativen Reaktionen bezogen sich auf Beleidigungen und Kontaktabbruch. Jeder Zehnte hat auch physische Gewalt in Form von Schlägen erlebt oder wurde bespuckt.

Was wünschen sich homosexuelle Jugendliche? Die meisten Lesben wünschen sich mehr Informationen zum Thema Homosexualität in Schule, Hochschule und Ausbildung (75 %). 44 % würden sich über Projekttage/Projektwochen freuen, die sich schwerpunktmäßig mit Akzeptanz gegenüber sexuellen Minderheiten auseinandersetzen.

Die Jungen würden sich vor allem die Akzeptanz von Mitschülern/Mitschülerinnen wünschen (44 %). Aber auch 41 % wünschen sich mehr Information in den verschiedenen Sozialisationsinstanzen Kindergarten, Schule, Hochschule. Immerhin 36 % wünschen sich, wie die Mädchen, Informationsprojekte. In den frei formulierten Antwortteilen wird deutlich, dass ebenfalls der Wunsch groß ist, dass Homo- und Heterosexualität mit mehr Selbstverständlichkeit im Unterricht behandelt wird und dass das Lehrmaterial diese Vielfalt von Lebensformen selbstverständlich abbildet.

Bislang kann von einer gleichwertigen Darstellung verschiedener Lebensentwürfe in Lehrwerken nicht die Rede sein. „Homosexualität und Bisexualität werden z. T. in Sexualerziehung thematisiert, doch auch hier wird explizit und implizit eine heterosexuelle Norm reproduziert." (Bittner, 2011, 81)

Die Untersuchung von Bittner aus dem Jahr 2011 zeigt, dass die meisten Lehrwerke Homosexualität entweder gar nicht thematisieren oder nur marginal. Lediglich die Bundesländer Berlin und Hamburg haben für den Sekundar-I- und Sekundar-II-Bereich entsprechende Lehrmaterialien bzw. Hilfestellungen für Lehrkräfte erarbeiten lassen.

Umgang mit Problemen: 62 % der Mädchen und 44 % der Jungen haben in der Vergangenheit mit dem Gebrauch von Drogen auf Problemlagen reagiert. Damit gehören Alkohol und Drogen zu den am häufigsten gewählten Mitteln zur Problembewältigung. 15 % der Mädchen und 8 % der Jungen sind von Zuhause weggelaufen, als ihnen die Probleme über den Kopf wuchsen. Insgesamt neigten die Mädchen zu mehr destruktiven Bewältigungsstrategien wie Essstörungen (6 %), Autoaggression/Selbstverletzung (5 %), Depressionen (2 %). Allerdings nahmen auch mehr Mädchen als Jungen ihre Probleme mittels (Psycho-)Therapie in Angriff.

Suizidgedanken/Suizidversuche: Über 50 % der Befragten spielten bereits mit dem Gedanken, sich das Leben zu nehmen, darunter mehr Mädchen als Jungen. Fast 60 % der Mädchen und 35 % der Jungen, die schon einmal an Selbstmord gedacht hatten, waren jünger als 16 Jahre. 18 % hatten bereits (mehrere) Suizidversuche hinter sich gebracht. Dabei waren die Mädchen zwischen 12 und 24 Jahre alt, die Jungen zwischen 13 und 19 Jahre. Die Gründe für einen versuchten Suizid sind vielfältig. Besonders das Gefühl der Einsamkeit, das Gefühl, als einziger Mensch anders zu sein, setzt den jungen Lesben, Schwulen und Bisexuellen zu. Auch der Umstand, mit niemandem über seine Gefühle reden zu können, belastet die Jugendlichen. 15 % der Mädchen und 23 % der Jungen konnten ihre eigene Homosexualität nicht anerkennen und annehmen. Gerade für die jungen Männer ist der Umstand belastend, nicht über ihre Gefühle mit Dritten reden zu können. Auch wenn die Jugendlichen nicht alle einen Zusammenhang zwischen ihrer sexuellen Identität und den damit verbundenen Problemlagen herstellen können, wird aus den Antworten deutlich, dass das soziale Umfeld essenziellen Einfluss auf das Selbstwertgefühl der jungen Homosexuellen hat (vgl. Schupp, 1999).

Elterliches Coming-out: Wie oben bereits erwähnt, ist das Coming-out als Teilprozess der Persönlichkeitsentwicklung zu verstehen, da Sexualität und Persönlichkeit untrennbar miteinander verbunden sind. Mit dem Outing verlassen die betroffenen Personen ihre bis dahin aufrechterhaltene heteronormative Vorstellungswelt und erklären der Umwelt, dass sie gegen die bis dahin angenommene Heterosexualität verstoßen und fortan homosexuell weiterleben werden. Dieser Prozess ist für diejenigen, die die Information erhalten, deshalb nicht minder schwierig als für den sich

Outenden. Gerade Eltern[12] durchlaufen nach dem Outing ihrer Kinder einen ähnlichen Prozess (elterliches Coming-out) wie ihre Kinder Jahre zuvor. Wegen heteronormativer gesellschaftlicher Ansichten ist das Outing für die Eltern ein Hinterfragen ihrer eigenen sexuellen Wertevorstellungen. Das Outing ist damit ein symbolischer Verstoß gegen geltende gesellschaftliche Konventionen. Selbst für sehr liberale Eltern ist der Gedanke problematisch, dass das eigene Kind homosexuell ist: „und sei es in der verquer geäußerten Form, dass man dem eigenen Kind ein ‚solch schweres Leben' doch gerne ersparen würde." (Hark, 2000, 7). Bei konservativeren Eltern löst ein Outing meist auch eine tiefe Sinnkrise aus mit der Frage, was man selbst in der Erziehung falsch gemacht habe (vgl. Watzlawik, 2003).

Nachdem beschrieben wurde, welche Auswirkungen das Coming-out auf die Betroffenen und ihr Umfeld hat, stellt sich nun noch die Frage, wie sich ein Coming-out entwickelt. Innerhalb der Literatur gibt es verschiedene theoretische Modelle zum Coming-out. Dieses KompaktWISSEN orientiert sich am Coming-out-Modell von Colman (1982). **Colman unterscheidet fünf Phasen des Coming-outs:**

- Prä-Coming-out
- Eigentliches Coming-out
- Explorative Phase
- Eingehen erster Beziehungen
- Integrationsphase

Wie für alle Phasenmodelle gilt, dass nicht jede Phase systematisch durchlaufen werden muss. Manchmal werden Phasen auch parallel durchlaufen oder die Reihenfolge ändert sich ggf.

Die Prä-Coming-out-Phase: Mittlerweile wird davon ausgegangen, dass sich die sexuelle Orientierung bereits im dritten Lebensjahr manifestiert (= verfestigt) (vgl. Wiesendanger, 1998). Allerdings wird den Personen erst mit zunehmendem Alter bewusst, dass sie „anders" sind als die Mehrheit der Bevölkerung. Dieses Bewusstwerden ist häufig mit innerpsychischen Konflikten verbunden, da bis dato eine heterosexuelle Lebenswelt als Ideal von der Umwelt vorgelebt und positiv verstärkt wurde. Diesen verinnerlichten gesellschaftlich-normativen Bildern kann der/die Homosexuelle nun nicht mehr entsprechen und muss sich mit seinem/ihrem Anderssein auseinandersetzen. Dieser Widerspruch zwischen dem gesellschaftlichen Anspruch, heterosexuell zu sein, und dem eigenen Erleben, nicht heterosexuell zu sein, führt zu Gefühlen wie Scham, Schuld und Angst. Aus diesen Gefühlsregungen heraus und aus Angst vor Sanktionen verhalten sich homosexuell fühlende Menschen zu Beginn ihres Outings der Umwelt gegenüber sehr verschlossen. Auffällig in diesem Zusammenhang ist auch, dass in dieser Phase die Zunahme psychischer Erkrankungen (Depressionen, Angst- und Schlafstörungen, Suchterkrankungen und erhöhte Suizidalität) dieser Personengruppe besonders hoch ist (ebd.). Die Prä-Coming-out-Phase dauert mitunter Jahre, wie oben bereits

[12] Unter Eltern sind auch Personensorgeberechtigte zu verstehen.

erwähnt. Häufig versuchen gleichgeschlechtlich liebende Personen zunächst, ihre sexuellen Empfindungen zu unterdrücken, oder sie gehen bewusst heterosexuelle Beziehungen ein (dies gilt besonders für Frauen – siehe oben).

Das eigentliche Coming-out: Das Coming-out beginnt erst richtig mit der inneren Gewissheit und Akzeptanz der eigenen sexuellen Identität. Erst mit der Implementierung/Annahme der eigenen homosexuellen Neigungen kann auch der Prozess des Heraustretens beginnen. Dabei ist dieses Bekanntmachen der eigenen sexuellen Identität ambivalent. Einerseits besteht nun das dringende Bedürfnis, der Umwelt die eigene Entwicklung mitzuteilen, andererseits besteht große Angst, für das „Anderssein" geächtet zu werden (vgl. Pfander, 1999).

Die explorative Phase: Sobald die eigene sexuelle Identität akzeptiert ist und das Outing gegenüber der Umwelt stattgefunden hat, werden die ersten (sexuellen) Kontakte gesucht. Es geht in dieser Phase darum, sich auszuprobieren, sowohl in sexueller als auch in beziehungstechnischer Hinsicht. Mit dem Aufsuchen der homosexuellen subkulturellen Einrichtungen (Bars, Beratungszentren, Clubs, Diskotheken oder Internetportalen wie Planet Romeo) werden erste Erfahrungen gesammelt. Erste freundschaftliche Kontakte werden geschlossen. Hierbei muss erwähnt werden, dass diese Prozesse für gleichgeschlechtlich liebende Menschen schwerer zu bewältigen sind als für nicht homosexuelle Menschen. Heterosexuelle Menschen erhalten automatisch positive Unterstützung für ihr Lebensmodell. Sie sind automatisch in freundschaftlichen Beziehungen verbandelt und ihre Paarbeziehungen werden auch von Gesetzes wegen (Ehe) positiv unterstützt. Homosexuelle Menschen müssen immer in „ihre Szene" gehen und sich nach und nach diese Unterstützung selbst aufbauen. Im besten Fall haben homosexuelle Menschen ein akzeptierendes Umfeld, das sie so annimmt wie sie sind – eine Garantie dafür besteht aber trotz aller Liberalisierungstendenzen innerhalb unserer Gesellschaft nicht.

Eingehen erster (fester) Beziehungen: In dieser Phase geht es ähnlich wie bei heterosexuell orientierten Menschen vornehmlich darum, Paarbeziehungen zu gestalten und zu lernen, wie mit Nähe und Distanz innerhalb einer Paarbeziehung umgegangen werden kann. Zusätzlich werden u. a. differenzierte Paarkonstellationen wie offene Beziehungen oder Dreierbeziehungen ausprobiert (dies findet auch bei heterosexuell orientierten Personen statt, dort allerdings weniger öffentlich). Auch hier besteht für gleichgeschlechtlich liebende Menschen das Problem, dass ihre Paarbeziehungen tendenziell weniger unterstützt werden. Bis in die Gegenwart können homosexuelle Paare in Deutschland **keine Ehe** eingehen. Derzeit steht ihnen lediglich die **eingetragene Lebenspartnerschaft** zur Verfügung, die nicht dieselben Rechte beinhaltet wie eine Ehe. Schon anhand der sprachlichen Differenz Ehe vs. eingetragene Lebenspartnerschaft wird deutlich, dass auch im juristischen Bereich noch Ungleichheit zwischen den Rechtsinstitutionen besteht.

Integrationsphase: In der Integrationsphase geht es vor allem um die Festigung von Paar- und Freundschaftsbeziehungen. Während in der vorherigen Phase noch mit Nähe/Distanz experimentiert wurde, geht es anschließend um längerfristige

Beziehungsgestaltung. Innerhalb von Paarbeziehungen werden nun existenzielle Fragen wie die Frage nach Kindern, nach Spiritualität und nach Lebensgestaltung im Alter gestellt. Gerade der Umstand, dass Schwule und Lesben sich im Alter nicht automatisch auf die Versorgung durch ihr Elternhaus verlassen können, führt dazu, dass sie sich soziale Netzwerke schaffen, in denen sie aufgefangen werden. Unlängst wurde in Berlin das erste Mehrgenerationenhaus „Lebensort Vielfalt" gegründet, in dem homosexuelle und heterosexuelle ältere Menschen gemeinsam ihren Lebensabend verbringen können.

> **MERKE** Das **Coming-out** stellt einen lebenslangen Prozess dar, der für die Betroffenen häufig schmerzhaft ist. Zum einen ist das Outing an sich niemals beendet, da in jeder neuen Lebenssituation von den Betroffenen entschieden werden muss, ob sie sich zu ihrer sexuellen Identität bekennen. Zum anderen ist das Outing (insbesondere das Prä-Coming-out) häufig von seelischen Belastungssituationen begleitet, die sogar bis zum Suizid führen können.

Fallbeispiel: *Peter ist 19 Jahre alt, sitzt im Rollstuhl und ist leicht geistig behindert. Er lebt die Woche über in einem integrativen Wohnheim und geht dort auch zur Schule. Bislang war er immer ein fröhlicher Mensch, der viele Freunde hatte. Trotz seiner Behinderung ist er in der Klasse angesehen und wird von seinen Mitschülern auch mit auf Partys genommen. Jedes zweite Wochenende verbringt Peter zu Hause bei seinen Eltern. Peter ist sehr religiös erzogen worden. Er und seine Eltern gehen immer sonntags, wenn er zu Besuch ist, in die Kirche.*

Seiner Mutter fiel in den letzten Monaten auf, dass Peter immer ruhiger wurde und sich mehr und mehr in sich selbst zurückzog. Auch das Mutter-Sohn-Gespräch brachte für die Mutter keine neuen Erkenntnisse. Beim Hausputz fällt Peters Mutter ein Pornoheft für Schwule in die Hände. Die Mutter ist sichtlich schockiert, wird ganz bleich, setzt sich auf Peters Bett und weint zunächst. Bei jedem Schluchzen schaut sie zur Decke und fragt: „Was habe ich nur falsch gemacht?". Am darauffolgenden Wochenende nimmt sie all ihren Mut zusammen und konfrontiert Peter mit ihrem Fund. Peter wird knallrot und es platzt aus ihm heraus: „Ja, Mama, ich bin schwul – schon lange." Sowohl Mutter als auch Sohn beginnen zu weinen. Nachdem sie sich wieder beruhigt haben, verweist Peters Mutter darauf, dass Homosexualität sündhaft sei und sie nicht wisse, wie sie damit umgehen solle, geschweige denn, wie es Peters Vater „beigebracht" werden könne. Und dass sie Angst habe, ihr Sohn könne AIDS bekommen.

Peter kommt am Montag wieder in seine Einrichtung und konfrontiert seinen Heilerziehungspfleger mit der Problematik. Bislang wusste auch noch keiner in der Wohneinrichtung von Peters sexueller Identität.

Was könnten Sie als Heilerziehungspfleger in dieser Situation tun?

- *Lassen Sie Peter auf jeden Fall berichten und unterbrechen Sie den Redefluss nicht. Gerade, wenn die Betroffenen den Mut gefasst haben, sich zu outen, ist es für sie wichtig, gehört zu werden.*
- *Zeigen Sie deutlich, dass es in Ordnung ist, homosexuell zu sein und dass es keinen Grund gibt, sich für dieses Lebensmodell zu schämen.*

- *Verdeutlichen Sie Peter, dass er in Ihrer Einrichtung immer willkommen ist – egal, welche sexuelle Neigung er hat.*
- *Bieten Sie im Rahmen der Elternarbeit ein Gespräch mit Peter und seinen Eltern an, in dem Sie vermittelnd tätig werden.*
- *Machen Sie Peter deutlich, dass die Reaktion seiner Mutter zwar zunächst unschön für Peter ist, dass sie nun aber auch eine Art Coming-out durchmacht und ebenso wie Peter Zeit braucht, die Situation zu verstehen.*
- *Fragen Sie Peter, ob er weitergehende Informationen benötigt. Stellen Sie ggf. Kontakt zur nächsten Beratungsstelle her.*
- *Besorgen Sie auf Wunsch (Fach-)Literatur zum Thema Homosexualität.*
- *Fragen Sie Peter, wie er mit seiner sexuellen Identität umgehen möchte – soll seine Identität Thema in der Einrichtung/im Team werden oder soll dies kein weiterer Klient/Mitarbeiter erfahren?*
- *Wenn Sie ein gemeinsames Gespräch mit den Eltern führen, achten Sie darauf auf Folgendes:*
  - *Eine ansprechende Gesprächsatmosphäre (gemütliche Stühle, ein gut belüfteter Raum mit Dekoration wie Blumen und Bildern)*
  - *Bieten Sie Getränke und Gebäck an.*
  - *Hören Sie beide Seiten an und machen Sie sich ggf. Notizen.*
  - *Zeigen Sie Verständnis für die Gefühle und Ängste der Eltern.*
  - *Machen Sie ihnen aber auch deutlich, dass Homosexualität keine Krankheit ist, nichts Sündhaftes darstellt und dass Peter immer auch ihr Kind bleiben wird.*
  - *Bieten Sie weiteres Material wie Bücher an.*
  - *Geben Sie den Eltern konkrete Adressen von Anlaufstellen z. B. befa (Bundesverband der Eltern, Freunde und Angehörigen von Homosexuellen).*
  - *Verweisen Sie bei religiösen Eltern auch auf kirchliche Institutionen, die sich mit diesem Themenfeld befassen, z. B. HUK – Ökumenische Arbeitsgruppe Homosexuelle und Kirche.*
  - *Klären Sie die Eltern darüber auf, dass Homosexualität und AIDS nicht dasselbe sind und dass durch Verhütung ein Schutz vor Infektion besteht.*
  - *Verweisen Sie darauf, dass Peter weit mehr ist als seine sexuelle Identität und sie als Eltern stolz auf ihren Sohn als Mensch sein können.*

4.4 Das Ding dazwischen oder doch etwas Eigenständiges? – Bisexualität

Im Zusammenhang mit der Frauen- und Homosexuellenbewegung in den 1960er-Jahren traten zeitgleich bisexuelle Aktivistinnen und Aktivisten auf, die ebenso wie die Homosexuellen forderten, ihre sexuelle Identität anzuerkennen. Um es gleich vorweg zu nehmen, es gibt auch für die Entstehung von Bisexualität keine wissenschaftliche Erklärung. Bislang wird vermutet, dass dieses „Schicksal", wie Homo- und Heterosexualität, auch ein Konglomerat (lat. conglomerare „zusammenballen"; Zusammenhang aus vielen verschiedenen Teilen) aus Anlage-Umwelt-Interaktionen ist. Aus sexualwissenschaftlicher Perspektive wurde Bisexualität zunächst als transitorisch (Übergangsform von Heterosexualität zur Homosexualität) verstanden (vgl. Reiche, 1990). Diese Ansicht ist allerdings auch wissenschaftlich umstritten, da es in der Wahrnehmung stark verengt ist und voraussetzen würde, dass es eine Dichotomie (griechisch dichótomos, „halbgeteilt“) zwischen Hetero- und Homosexualität gibt. Schon Kinsey (siehe Modul 1) verweist darauf, dass es Übergänge gibt und keine klare Abgrenzung zwischen den sexuellen Identitäten. Zwar mag es zutreffend sein, dass einige Betroffene, wie in Kapitel 5.3 in diesem Modul ausgeführt, zunächst heterosexuelle Paarbeziehungen führen, um später homosexuelle Paarbeziehungen einzugehen, dies gilt aber bei weitem nicht für die Mehrheit (vgl. Fiedler, 2004). „Bisexuelle und monosexuell differenzierte Menschen unterscheiden sich vor allem dadurch, dass die Bisexuellen eine doppelte, eine homosexuelle und eine heterosexuelle Option haben.“ (Fiedler, 2004, 105)

Gerade aufgrund von Bisexualität als eigenständiger (Denk-)Kategorie können Hetero- und Homosexualität miteinander verbunden werden. Im positiven Sinne formuliert sind bisexuelle Menschen in der Lage: „das beste beider Welten in Erfahrung zu bringen“ (Zinik, 1985, 9). Durch den Umstand, dass in unserer Gesellschaft gegenwärtig nicht mehr von klassischer Monogamie gesprochen werden kann – die meisten Menschen haben im Lauf ihres (Sexual-)Lebens mehrere Partner/-innen – muss heute von serieller Monogamie ausgegangen werden. Dank immer wieder neuer Partnerschaftskonstellationen „sind sie [die Bisexuellen] in dem Sinn flexibel, dass sie sich entscheiden können, periodenweise monosexuell zu leben, ohne ihre bisexuelle Option aufzugeben zu müssen“ (Goss, 2003, 63).

MERKE **Bisexualität** als eigenständiges sexuelles Konzept ist bislang in der wissenschaftlichen Diskussion umstritten. Es gibt aber einige gewichtige Hinweise darauf, dass Bisexualität kein Durchgangsstadium zwischen Hetero- und Homosexualität darstellt, sondern eine eigene sexuelle Identität ist, welche die Option beinhaltet, beide sexuelle Identitäten in sich zu vereinen und miteinander zu verbinden.

TIPP

Hilfestellungen für homo- und bisexuelle Menschen im Internet

www.lsvd.de
http://z-bi.de/
www.berlin.de/lb/ads/gglw/
www.muenchen.de/rathaus/Stadtverwaltung/Direktorium/Koordinierungsstelle-fuer-gleichgeschlechtliche-Lebensweisen.html
www.gleichgeschlechtliche-lebensweisen.hessen.de/

Bücher

Garber, M.: Die Vielfalt des Begehrens. Bisexualität von der Antike bis heute. Frankfurt am Main: Fischer Taschenbuch, 2000
Aldrich, R.; Schwarz, B.: Gleich und anders: Eine globale Geschichte der Homosexualität. Hamburg: Murmann, 2007
Braun, J.: Schwul und dann? Ein Coming-out-Ratgeber. Berlin: Querverlag, 2006

4.5 Transsexualität

Transsexualität wird bislang noch sehr selten beachtet. Es existieren kaum verlässliche Studien zu diesem Themengebiet. Aus diesem Grunde wird das Thema in diesem Buch nur kurz behandelt. Der Autor hält es aber gerade im Sinne einer emanzipatorisch-gesellschaftskritischen Sexualpädagogik für wichtig, alle sexuellen Ausdrucksformen zu thematisieren.

Zwei Gedankenstränge vorweg: Bislang wurde über Transsexualität häufig im medizinischen Bereich diskutiert, oftmals unter der Prämisse der Geschlechtsidentitätsstörung, im ICD-10 (Internationale Klassifikation für Krankheiten) gelistet unter F64.0 bzw. F64.2 „Geschlechtsidentitätsstörung des Kindesalters". Somit wurde Transsexualität bisher unter *pathologischen* Gesichtspunkten diskutiert. Dies ist einerseits nötig, da – sofern von den Betroffenen verlangt – eine Geschlechtsangleichung nur dann von den Krankenkassen finanziert wird, wenn ein Krankheitswert vorliegt. Transsexuelle Aktivisten fordern in der jüngsten Vergangenheit aber, dass ihre Veranlagung nicht weiter unter pathologischer Betrachtungsweise diskutiert wird, sondern Anerkennung als eine mögliche Form des Sexuellen findet. An dieser Stelle sei darauf verwiesen, dass der Autor transidente Menschen als gleichwürdige (sexuelle) Persönlichkeiten anerkennt, hier jedoch den Lesern/Leserinnen den wissenschaftlich-medizinischen Diskurs erläutert, damit diese die Möglichkeit haben, ihre Klienten/Klientinnen adäquat zu beraten und zu unterstützen, sofern der Wunsch einer Geschlechtsangleichung besteht.

Gegenwärtig wird innerhalb der Wissenschaft von folgenden Punkten in Bezug auf Transsexualität ausgegangen (vgl. Ekins & King, 2001):

- Bei Transsexualität handelt es sich um einen sozialen Zuschreibungsprozess, der sich im Laufe der Zeit gesellschaftlich weiterentwickelt.
- Die Dimensionen möglicher Geschlechtsentwicklungen sind gesellschaftlich immer noch von einer Geschlechterdichotomie bestimmt (generischer Binarismus), also von der Vorstellung der Zweigeschlechtlichkeit, auch wenn es durch die Queer-Forschung bereits Ansätze für Modelle gibt, die dem gesellschaftlichen Leitbild widersprechen.

Ekins & King 2001 unterschieden bislang drei Entwicklungsprozesse voneinander, die transsexuelle Menschen durchlaufen können:

- **Migration:** Der transsexuelle Mensch entscheidet sich für eine Geschlechtsangleichung (Mann-zu-Frau-Transsexualität bzw. Frau-zu-Mann-Transsexualität). Dabei lassen zahlenmäßig mehr Männer als Frauen eine Geschlechtsumwandlung vornehmen. Es wird vermutet, dass dies mit einer starreren Männlichkeitsrolle zusammenhängt. Am Beispiel des Kleidungsstils wird dies deutlich: Frauen können gegenwärtig Hosen tragen, ohne dafür gesellschaftlich geächtet zu werden. Männer hingegen werden „schief angeschaut", wenn sie Röcke tragen (mit Ausnahme von Kilt-Trägern in Schottland und einigen subkulturellen Kontexten, z. B. der Gothic-Szene).

- **Oszillation:** Dies beschreibt den Umstand, dass einige Transsexuelle hin und her pendeln zwischen den Möglichkeiten, Mann oder Frau zu sein, z. B. indem sie an einigen Tagen Frauenkleidung tragen, dann aber wieder männlich betonte Kleidung. Diese Gruppe verspürt selten den Wunsch nach einer geschlechtsangleichenden Operation.
- **Transzendenz:** Diese Gruppe von Transsexuellen strebt ein Leben ohne jegliche geschlechtliche Zuschreibung an. Sie will keine Geschlechtsangleichung vornehmen lassen.

Gerade die letzte Gruppe von Transsexuellen stellt gesellschaftliche Geschlechtervorschriften massiv in Frage. Sigusch (1991) formuliert dies wie folgt: „[die Gruppe der Transzendenten wäre sicherlich] eine Provokation sondergleichen in einer Gesellschaft, die dem Geschlechterwechsel und Geschlechterübergängen keinen institutionellen Ort einräumt jenseits der Kliniken und Kanzleien, in einer Gesellschaft, die trotz aller Geschlechtsrollenaufweichung von der gesellschaftlichen Arbeitsteilung bis zum Rechtssystem keinen Zweifel daran lässt, welches Geschlecht das sexus sequior[13] ist […] Überblick und Kontrolle würden erschwert, die Normalität wäre endlich so plural wie sie immer tut, das Splitting des Entweder-Oder entlarvte sich als armselige Abwehr …" (Sigusch, 1991, 327)

Sigusch zeigt an dieser Stelle auf, dass Transsexualität immer auch als Gefahrenpotenzial gesehen wird, dass es entweder zu verhindern oder aber wenigstens „in geregelte Bahnen" zu lenken gilt. Wenn sich der/die Betroffene in seinem/ihrem per Geburt zugewiesenen Geschlecht nicht wohlfühlt, kann dies nach klaren Regeln der Medizin und der Justiz (Transsexuellengesetz – TSG) geändert werden.

> **MERKE** Wenn **Transsexualität** auch zahlenmäßig relativ selten in der pädagogischen Praxis auftritt, so ist sie doch immer noch ein „Problemfall". Menschen mit transsexuellen Tendenzen haben häufig das Gefühl, im falschen Körper zu leben und lehnen deshalb ihr von Geburt an vorgegebenes Geschlecht ab. Einige von ihnen haben den Wunsch, sich einer geschlechtsangleichenden Operation zu unterziehen. Dies ist durch das Transsexuellen-Gesetz in Deutschland juristisch geregelt. Andere Transsexuelle wiederum haben keinen Bedarf an einer geschlechtsangleichenden Operation und wollen „lediglich" ihren Namen oder ihren Kleidungsstil dem gefühlten Geschlecht angleichen.
>
> Die Aufgabe der pädagogischen Fachkraft besteht darin, die betroffenen Personen im Selbstfindungsprozess zu unterstützen und ggf. Kontakt zu Beratungsstellen und/oder spezialisierten Psychotherapeuten herzustellen.

13 sexus sequior = das geringere Geschlecht. In diesem Zusammenhang eine Anspielung auf Schopenhauers Ausführungen „Über die Weiber".

> **TIPP**
> **Hilfestellungen für Transsexuelle im Internet**
> www.txkoeln.de/
> www.transsexuell.de/adr-shg.shtml
>
> **Bücher**
> Rauchfleisch, U.: Transsexualität – Transidentität. Begutachtung, Begleitung, Therapie. Göttingen: Vandenhoeck & Ruprecht, 2012
> Rauchfleisch, U.: Anne wird Tom – Klaus wird Lara. Transidentität/Transsexualität verstehen. Ostfildern: Patmos Verlag, 2013
> Licht, M.: TM-Brevier: Das Handbuch für Transmänner. tredition, 2012

4.6 Intersexualität

Im Gegensatz zur Heterosexualität und Homosexualität bzw. Transsexualität ist Intersexualität ein *rein biologisches* Phänomen. „Intersexualität hat eine angeborene, rein körperlich-biologische Basis und kann nicht später erworben werden, z. B. durch einen Unfall. […] Wie das Wort sagt, wird damit etwas Dazwischen-Stehendes beschrieben – eine Leerstelle, eine Uneindeutigkeit." (Werner-Rosen, 2006, 29)

Biologische Aspekte: Zu Beginn des Lebens, schon bei der Zeugung bzw. beim pränatalen Differenzierungsprozess, läuft die Entwicklung im Mutterleib nach einem bestimmten „Zeitmusterplan" ab, der sehr komplex auf hormoneller Ebene verläuft. Grundsätzlich kann festgehalten werden, dass der **Grundbauplan der Natur weiblich** ist. Besonders eindrücklich ist der Umstand, dass Männer auch Brustwarzen haben, obwohl diese keinen Zweck erfüllen – ein genetisches Überbleibsel des weiblichen Grundbauplans.

> **MERKE** **Intersexualität** an sich gibt es nicht. Es handelt sich beim Begriff Intersexualität um einen Sammelbegriff für verschiedene „Krankheitsbilder" in Bezug auf die Geschlechtlichkeit. Nicht jede festgestellte Intersexualität ist mit sexuellen Funktionsstörungen verbunden. Lediglich die Variante des uneindeutigen Genitals ist für die Umwelt zu erkennen.

Das bedeutet konkret, dass es zur Ausbildung weiblicher Geschlechtsorgane keines weiteren Zutuns bedarf. Soll aus dem neuen Menschen allerdings ein Junge werden, so wird dies ausschließlich über einen Hormoncocktail erreicht. Die Ausschüttung dieser Hormone ist aber auch mit Störanfälligkeiten verbunden. Wie in Modul 1 beschrieben, gibt es vier Differenzierungsebenen des Geschlechts (gonodal, chromosomal, hormonal, dazu genital). Auf evolutionsbiologischer Ebene unterschieden sich die Geschlechter lediglich dadurch, dass Frauen die Fähigkeit besitzen, Kinder zu empfangen, zu gebären und zu stillen. Männer hingegen haben lediglich die Fähigkeit, Kinder zu zeugen. Diese Fähigkeiten sind überindividuell und interkulturell – sie bilden also die Bedingung für unser aller Existenz. Hingegen sind, wie bereits mehrfach ausgeführt, geschlechtstypische Merkmale

(Verhalten, Erleben, Vorlieben und Rollen) *gesellschaftliche Konstruktionen*, die historisch, gesellschaftlich und milieuspezifisch hergestellt werden.

Insgesamt lassen sich fünf verschiedene Ausprägungen mit Untergruppierungen von Intersexualität benennen:

- **AGS Andrenogenitales Syndrom:** Bekannteste Form, die auf einer hormonellen Störung beruht. Die inneren Geschlechtsorgane sind eindeutig männlich bzw. weiblich, aber das äußere Genital ist vermännlicht, was bei Jungen weniger problematisch ist als bei Mädchen. Durch die Minderproduktion von Kortisol kommt es zu dieser Erscheinungsform.
- **Fünf-Alpha-Reduktase-Mangel:** Bei dieser Form kann aufgrund einer chromosomalen Abweichung kein Androgen bzw. Testosteron gebildet werden. Bis zu Pubertät entwickeln sich diese Kinder (die häufig weiblich sind) „normal". In der Pubertät fällt dann aber auf, dass die Menstruation ausbleibt und der Stimmbruch einsetzt.
- **AIS Androgen-Insuffizienz-Syndrom:** Auch diese Form ist unauffällig. Meist sind hier ebenfalls Frauen betroffen, die sich „normal" entwickeln. Das Androgenhormon wird zwar ordnungsgemäß gebildet, aber die Androgenrezeptoren sind defekt. Die Intersexualität wird erst im Zusammenhang mit einer ausbleibenden Periode oder unerfülltem Kinderwunsch entdeckt.
- **Gonadendysgenesien:** Bei dieser Erscheinungsform fehlen den Betroffenen funktionstüchtige Keimzellen, was zur Folge hat, dass sich bspw. die Gebärmutter nicht voll entwickelt, die Achsel-und Schamhaarproduktion fast vollständig fehlt und die Regelblutung ausbleibt, was wiederum Unfruchtbarkeit nach sich zieht.
- **Hermaphroditismus versus:** Bei dieser Form der Intersexualität sind im Menschen beide Keimdrüsen vorhanden. In einigen Fällen entwickeln diese Menschen sowohl Eierstöcke als auch Hoden. Früher wurden Menschen mit dieser Erscheinungsform als „Zwitter" bezeichnet – heute wird dieser Ausdruck aufgrund seiner negativen Konnotation nicht mehr verwandt.

Psychosoziale und Psychologische Aspekte: Wenn Eltern bei der Geburt ihres Kindes nicht feststellen können, ob es sich um einen Jungen oder ein Mädchen handelt, ist dies für die meisten Eltern ein Schock, den sie nur schwer überwinden können. Gefühle wie Verzweiflung, Angst und Abscheu sind in der Regel die ersten Emotionsregungen, die in den Eltern aufkommen. Das bedeutet, dass eine schwere seelische Erschütterung stattfindet, mit dem Umstand der Sprachlosigkeit gepaart. Gerade in einer Gesellschaft, die so stark auf eine binäre Geschlechterordnung fixiert ist, stellen Menschen, die dieser Geschlechterbinarität qua Geburt nicht entsprechen können, eine große Herausforderung dar.

Die meisten Eltern durchlaufen drei Entwicklungsdimensionen (nach Werner-Rosen, 2006), wenn sie die Nachricht erhalten, dass ihr Kind intersexuell ist:

- **Erste Entwicklungsdimension – emotionale Krise:** Diese Dimension kann auch als „Geburtstrauma" verstanden werden, wobei die elterliche Reaktion von Verdrängung der Intersexualität über Bagatellisierung bis hin zur Verweigerung reicht, das Kind anzunehmen.

- **Zweite Entwicklungsdimension – die Krise des Bewusstseins:** Wegen des fehlenden sozialen Raums innerhalb unserer Gesellschaft für Intersexualität lastet ein permanenter gesellschaftlicher Druck auf den Eltern, den sie nur schwer überwinden können, da ihnen allein die Sprache fehlt, das scheinbare Problem Intersexualität in Worte zu fassen. Gerade dieser Umstand, gesellschaftlich unsichtbar zu bleiben und dieses Thema nicht ansprechen zu können bzw. beim Ansprechen des Themas gegen gesellschaftliche Konventionen zu verstoßen, belastet die Eltern zumeist. Dies führt häufig dazu, dass die Eltern die Intersexualität ihres Kindes selbst vor engsten Familienangehörigen geheim halten.
- **Dritte Entwicklungsdimension – die existenzielle Krise:** Letztlich ist Intersexualität immer eine Anfrage an die Eltern - machen diese sich die zentrale Themen des Menschseins bewusst? Geburt - Tod - Ewigkeit sind durch die Fortpflanzung symbolisiert. Was also passiert mit Eltern, deren Kinder keine „echte" Ewigkeit repräsentieren, da sie sich nicht weiter fortpflanzen werden? Das ist etwas anderes, als wenn sich die eigenen Kinder für die Kinderlosigkeit entscheiden, da dies eine freie Willensbekundung darstellt und nicht aufgrund biologisch-genetischer Ursachen vorgegeben ist.

TIPP

Hilfestellungen für Intersexuelle im Internet

www.intersexuelle-menschen.net/
www.netzwerk-is.de/
www.dgti.org/

Bücher

Brill, S.: Wenn Kinder anders fühlen – Identität im anderen Geschlecht: Ein Ratgeber für Eltern. München: Ernst Reinhardt, 2011
Eugenides, J.: Middlesex. Reinbek bei Hamburg: Rororo, 2011
Schweizer, K.; RICHTER-Appelt, H. (Hrsg.): Intersexualität kontrovers: Grundlagen, Erfahrungen, Positionen. Gießen: Psychosozial-Verlag, 2013
Stern, C.: Intersexualität: Geschichte, Medizin und psychosoziale Aspekte. Marburg: Tectum Wissenschaftsverlag, 2010
Senatsverwaltung für Arbeit, Integration und Frauen Berlin (2013): Für mich bin ich o.k. Transgeschlechtlichkeit als Thema bei Kindern und Jugendlichen.

Film

Puenzo, L.: XXY. Indigo Studio, 2009

Anlaufstellen

Werner-Rosen, K., Dipl.-Psychologe, Crellestraße 36, 10827 Berlin, Tel. (030) 680 80 456

MERKE

Aufgabe der pädagogischen Fachkraft

- Machen Sie sexuelle Identitäten/Ausdrucksformen aktiv zum Gegenstand von Teamsitzungen. Gerade der verbale Austausch über Sexualität und ihre Erscheinungsformen ist notwendig, damit die Scheu vor Sexualität in den Einrichtungen abgebaut wird.
- Laden Sie externe Referenten von Pro Familia, dem Lesben- und Schwulenverband Deutschland oder anderen Verbänden zu Fortbildungsveranstaltungen ein.
- Schaffen Sie Fachliteratur/Kinderbücher zum Thema an und legen Sie diese auch öffentlich aus.
- Hängen Sie Plakate/Bilder auf, auf denen verschiedene Lebensmodelle sichtbar werden.
- Benennen Sie aktiv sexualpädagogische Maßnahmen in Ihrer Konzeption. Nutzen Sie keine Umschreibungen, sondern **werden Sie konkret**.
- Schreiben Sie in ihren Hausregeln nieder, dass jeder Mensch ungeachtet der Ethnie, des Glaubens, des Geschlechts oder der sexuellen Identität willkommen und gleichwertig ist.
- Thematisieren Sie gegenüber Ihren Klienten/Klientinnen, dass alle sexuellen Ausdrucksweisen gleichwertig sind.
- Schaffen Sie Räume, in denen Ihre Klienten/Klientinnen sich mit ihren Partnerinnen/Partnern zurückziehen können.
- Vermeiden Sie jegliche räumlichen Einschränkungen für homosexuelle Paare – sorgen Sie dafür, dass auch gleichgeschlechtliche Paare gemeinsame Wohnräume beziehen können.
- Formulieren Sie Ihre Hausregeln/Konzeptionen in **leichter Sprache**. Das „Büro für leichte Sprache Osnabrück" unterstützt Sie dabei.
- **Last but not least: Leben Sie vor allem eine Haltung der Offenheit und Akzeptanz – mit der Haltung beginnt die (heil-)pädagogische Arbeit. Sie ist Dreh- und Angelpunkt all unserer pädagogischen Handlungen.**

MODUL 5: SEXUALITÄT WÄCHST

5

Sexualität wird wie alle anderen Lebensbereiche erlernt. In der Psychologie spricht man von **sexuellen Skripten**, die durch Sozialisation erworben werden (vgl. Gagnon, 1977). Dabei ist zu bedenken, dass die Sexualität ein **lebenslanger Prozess** ist. Schon vor der Geburt ist der Mensch ein sexuelles Wesen. Neuere Aufnahmen aus der Gebärmutter zeigen, dass bereits Kinder im Mutterleib an ihren Genitalien spielen (vgl. Nilsson, 2003).

Grundsätzlich ist bei der Beschreibung der sexuellen Entwicklung zweierlei zu bedenken:

1. Die Gruppe der Menschen mit Behinderungen ist sehr verschiedenartig (heterogen), sodass nur sehr allgemeine Aussagen über deren Entwicklung gemacht werden können.
2. Die Forschungslage hinsichtlich der sexuellen Entwicklung des Menschen ist sehr unterschiedlich weit vorangeschritten. So ist die Erforschung der kindlichen Sexualität weniger ausgereift als die der Jugendsexualität (vgl. Lautmann, 2002).

Wie bei allen Entwicklungsverläufen gilt auch für die sexuelle Entwicklung, dass diese nicht statisch ist, sondern dass die Menschen sich **individuell** entwickeln. Daraus folgt, dass Altersangaben ausschließlich als Orientierungshilfen dienen können.

> **MERKE** **Sexualität ist erlernbar**. Grundsätzlich ist sexuelle Entwicklung individuell unterschiedlich. Entwicklungsalter sind also bestenfalls eine Orientierungshilfe. Menschen mit Entwicklungsverzögerungen durchlaufen sexuelle Entwicklungsphasen häufig später als Menschen ohne Behinderung.

5.1 Das erste Lebensjahr

Das erste Lebensjahr ist das Jahr des **Mundes**. Kleine Kinder erfahren ihre Umwelt über die Haut und den Mund. Sigmund Freud nannte diese Phase **„orale Phase“**

(vgl. Freud, 2010). In dieser Phase sind sinnliche Erfahrungen elementar für die Kinder. Löbner (1998) bezeichnet den Mund als Lust- und Erkundungsorgan.

Neben der Erkundung der Umwelt mit dem Mund ist es eine weitere wichtige Entwicklungsaufgabe des Kindes, ein Urvertrauen zu seinen Bezugspersonen aufzubauen. Dieses Urvertrauen entsteht vor allem durch körperlich-emotionale Zuwendung wie bspw. Streicheln beim Wickeln oder durch Liebkosungen. Mertens (1997) merkt dazu an: „Im Falle eines glücklichen Dialogs führt dies zu der Erfahrung von Urvertrauen und bei Erwachsenen zu einem Harmonieren der Körper, einer großen sinnlichen Freude in allen Arten des gegenseitigen Streichelns, Schaukelns und Wiegens und im psychischen Sinn zu einem Sich-aufgehoben-Fühlen in der Erziehung." (Mertens, 1997, 57) Am Ende des ersten Lebensjahres können sich viele Kinder schon fortbewegen (krabbeln, laufen) und haben damit die Chance, sich ihre Interaktionspartner selbst auszusuchen. Dieser Umstand ermöglicht ihnen, den Wechsel zwischen „Nähe und Getrenntsein, zwischen Loslassen und Festhalten und zwischen sich selbst und den anderen [zu] beherrschen" (Löbner, 1998, 36).

Mögliche Einschränkungen bei Menschen mit Behinderung: Trotz intensiver medizinischer Betreuung und dem häufig schon vor der Geburt vorhandenen Wissen um die Behinderung des eigenen Kindes, ist die Behinderung des Kindes für Sorgeberechtigte oftmals schwer zu tolerieren. Dies, so Cloerkes (2001), liegt an der doppelten Enttäuschung der Sorgeberechtigten: zum einen der Enttäuschung in Bezug auf die Zukunftserwartungen (Wie soll unser Kind später leben, wenn es immer auf fremde Hilfe angewiesen ist?) und zum anderen der Enttäuschung über die reduzierte Lebensmöglichkeit des Kindes (vgl. Cloerkes, 2001). Diese beiden Enttäuschungen und die ambivalente Haltung der Sorgeberechtigten gegenüber der Behinderung des Kindes können in der Sorgeberechtigten-Kind-Interaktion zu Problemen führen (vgl. Leyendecker, 1994, 2004; Weinwurm-Krause, 1995; Plagger/Scharbert, 1996). Gerade der Umstand, dass Kinder mit Behinderungen häufige Krankenhausaufenthalte haben, erschwert eine positive Bindungszeit zu den Sorgeberechtigten.

Bei infantiler Cerebralparese (ICP, Bewegungsstörung aufgrund frühkindlicher Hirnschädigung) kommt es bei Sorgeberechtigten häufig zu Irritationen, da das Kind nicht in der Lage ist, zu kommunizieren. Diese Nicht-Kommunikation führt letztlich zu einem Teufelskreis, weil zunächst die Sorgeberechtigten irritiert sind und nicht in die Interaktion mit dem Kind einsteigen.

„Mangelnde Sicherheit der Eltern in ihrer Beziehung zu ihrem Kind und unzureichende emotionale Intensität lösen bei dem betroffenen Kind die gleiche Unsicherheit aus und beeinträchtigen es später in seiner eigenen Bindungsfähigkeit. Aus den Schuldgefühlen vieler Mütter nach der Geburt eines behinderten Kindes entsteht oft eine übermäßige Bindung an das Kind mit ängstlich umsorgenden, verwöhnenden und verschonenden Erziehungshaltungen." (Kallenbach, 2006, 76)

Durch das häufige Misslingen einer liebevollen Nähe und geborgenheitsspendenden Interaktion kann vermutlich Nähe auch im späteren Lebensverlauf nur schwer genossen werden. Darüber hinaus fällt es den Betroffenen häufig schwer, eigene Bedürfnisse zu äußern (vgl. Löbner, 1998).

Häufig erhalten schon die Kleinsten physiotherapeutische Anwendungen. Die krankengymnastischen Anwendungen nach Vojta werden gegenwärtig stark kritisiert, da diese häufig zu „Entfremdung vom eigenen Körper" führen, als schmerzhaft empfunden und vom Kind nicht als Hilfestellung erlebt werden (vgl. Wellach, 1999). Andere Anwendungen, die stärker den Fokus auf die Beziehung zwischen Therapeut und Klienten legen (z. B. nach Bobath, Petö oder Morales), verzeichnen nachhaltige Erfolge auch in einem Nachholen positiver Körpererfahrungen (vgl. Schlack, 2007). Für Menschen mit körperlicher Beeinträchtigung bietet es sich an, frühzeitig motorische Hilfsmittel einzusetzen, damit sie ihr angeborenes Erkundungsverhalten (Explorationsverhalten) ausleben können.

> **MERKE** **Das erste Lebensjahr** ist durch das Erkunden der Welt mit dem Mund (orale Phase) gekennzeichnet. Die Kinder sind auf viel emotional-körperliche Zuwendung angewiesen, damit sie ein Urvertrauen entwickeln können.

5.2 Das zweite Lebensjahr

Im zweiten Lebensjahr stehen die **Genitalien** im Fokus der Aufmerksamkeit des Kindes. Freud nennt diese Phase „**phallische Phase**", verortet sie jedoch um das vierte Lebensjahr (vgl. Freud, 2010). In dieser Phase berühren die Kinder häufig ihre Genitalien und empfinden dies als lustvoll. Schuhrke (1997) nennt diesen Umstand „Körperentdeckung" und betont die Wichtigkeit dieser Phase „… schon deshalb, weil hier notwendige Informationen über den Körper erstmals aufgenommen und organisiert werden" (Schuhrke, 1997). Schuhrke untersuchte 26 Kinder in 25 Familien. Aus den Aufschrieben der Sorgeberechtigten ließ sich folgendes Muster bei der Beschäftigung der Kinder mit den Genitalien ableiten: visuelle Beschäftigung, Manipulation; Versuch der Kinder, Genitalien bloßzulegen; Körperpflege, Benennung der Geschlechtsorgane, Kommentare zur Geschlechtsregion und Aufforderung Dritter zur Manipulation der Genitalregion (vgl. ebd.). Neben der eigenen Erkundung ist auch die Erkundung der Genitalien der Sorgeberechtigten für diese Altersgruppe von Bedeutung. Häufig beobachten Kinder ihre Sorgeberechtigten bei der Morgentoilette oder beim Baden (vgl. Schuhrke, 1994). Neben dem Erkundungsverhalten begreifen die Kinder nach und nach, dass es verschiedene Geschlechter gibt und ordnen sich ihrem Geschlecht zu.

Mögliche Einschränkungen bei Menschen mit Behinderung: Je nach Behinderungsform können keine lustvollen Gefühle im Genitalbereich erreicht werden, so bspw. bei einer Querschnittslähmung. Auch bei Menschen, die auf das Tragen von Windeln angewiesen sind, kann der Zeitraum des Windelwechselns zu kurz sein, als dass die Genitalien als Lustquelle in Betracht kommen.

Gerade beim Windelwechseln besteht für die Betreuenden die Möglichkeit, den Kindern ein positives Körpergefühl zu vermitteln, indem sie bspw. die Genitalien benennen und den Kindern die Möglichkeit geben, ihre Genitalien zu berühren. Durch dieses Zulassen erhalten die Kinder die Möglichkeit, eine eigene Geschlechtsidentität aufzubauen und ihren Körper samt Genitalien als wertvoll zu erleben.

> **MERKE** **Im zweiten Lebensjahr** richtet sich die Aufmerksamkeit der Kinder auf die eigenen Genitalien. In dieser Phase werden die Grundlagen der Geschlechtsidentität erworben.

5.3 Das dritte Lebensjahr

Zentrales Thema des dritten Lebensjahres ist die **Sauberkeitserziehung** (vgl. Löbner, 1998). Freud bezeichnet diese Phase als **„anale Phase"** (vgl. Freud, 2010). Dem Kind ist es anatomisch nun zum ersten Mal möglich, seinen Schließmuskel zu kontrollieren. Ausscheidungsvorgänge werden als lustvoll erlebt. Das Ausscheiden fördert ein Bewusstsein der Selbstwirksamkeit: In dem Moment, in dem ich mich anstrenge, kommt etwas aus mir heraus. Dieses Aus-sich-heraus-etwas-Produzieren ist für Kinder dieses Alters ein identitätsstiftender Moment. Oftmals wird auch mit dem ausgeschiedenen Kot gespielt. Hier ist darauf zu achten, dass dies aus hygienischen Gründen nicht geschieht. Stattdessen kann Knete und Ton bzw. Sand und Matsch angeboten werden.

Auch sprachlich ist das Kind nun in der Lage, seine Bedürfnisse zu äußern. Die Kinder befinden sich in der „Ich-Phase"/„Phase der Willensbildung" und verbalisieren ihre Bedürfnisse mit Nachdruck. Deshalb ist es nicht zuletzt in dieser Phase wichtig, ein Nein der Kinder insbesondere in Bezug auf sexuellen Missbrauch zu respektieren. Gerade im dritten Lebensjahr, in dem die Jungen und Mädchen, inter- und transsexuellen Menschen die Erfahrung machen, dass sie über ein Nein Dinge abwenden können, muss genutzt werden, damit sie in der Lage sind, bei Grenzverletzungen ihren Standpunkt klarzumachen. Im Spiel der Kinder ist nun stärker das Rollenspiel zu beobachten. Die Kinder erproben mit ihren Peers (Gleichaltrigen) oder mit Erwachsenen ihre (Geschlechts-)Rolle im Spiel. Es kann davon ausgegangen werden, dass bereits in dieser Phase die Geschlechtsrolle verinnerlicht wird (vgl. Milhofer, 1998). Oerter (1998) konnte nachweisen, dass Kinder dieses Alters geschlechtsspezifische Spielsachen zuordnen können. Auch das Interesse an sexuellen Vorgängen ist bei den Kindern dieses Alters zu beobachten.

Mögliche Einschränkungen bei Menschen mit Behinderung: Querschnittsgelähmten Kindern bleibt oftmals die Erfahrung der Beherrschung des Schließmuskels verwehrt. „Bei Kindern, die inkontinent bleiben, fehlen hier wichtige Möglichkeiten, Selbstbestimmung einzuüben und eine stabile Ich-Funktion zu erlangen" (Wellach, 1999, 276).

Gerade Kinder mit ICP können die Phase der Willensbildung/Autonomiephase kaum durchlaufen, da sie nicht in der Lage sind, ihr Nein zu verbalisieren. Deshalb ist es notwendig, dass die Betreuungspersonen besonders gut beobachten und sensibel in Bezug auf die Grenzen des Kindes sind. Hier besteht ein *Grundkonflikt* zwischen Betreuungspersonen und Kindern, da die Kinder einerseits ein Leben lang abhängig sein werden, andererseits sich aber zugunsten ihrer eigenen positiven Entwicklung abgrenzen müssen.

Fallbeispiel und mögliche Lösung*[14]*: *Moritz ist 3,5 Jahre alt. Sein Vater wickelt ihn abends, bevor Moritz ins Bett geht. Seit kurzer Zeit weint der Junge immer, sobald sein Vater ihm die Hose auszieht.*

Mögliche Lösung: *Der Vater könnte die Mutter bitten, Moritz zukünftig zu wickeln. Im Gegenzug übernimmt er das Zu-Bett-Geh-Ritual. So erkennt Moritz, dass seine Gefühle ernst genommen werden und angemessene Berücksichtigung finden.*

MERKE **Das dritte Lebensjahr** (anale Phase) ist gekennzeichnet durch die Freude an Ausscheidungsvorgängen. Hier lernen die Kinder, ihren Schließmuskel zu beherrschen. Die sprachliche Entwicklung ist so weit fortgeschritten, dass das Kind nun klar seine Grenzen verbalisieren kann. Bei Kindern mit sprachlichen Einschränkungen muss besonders sensibel beobachtet werden, um Grenzen der Kinder zu erkennen und respektieren zu können.

5.4 Das vierte Lebensjahr

Im vierten Lebensjahr sind **soziale Regeln** und die Entwicklung von **Körperscham** zentrale Entwicklungsschritte des Kindes. Nun verlieben sich Kinder häufig in den gegengeschlechtlichen Elternteil. Dank der immer größer werdenden Eigenständigkeit des Kindes erhöht sich auch dessen Bedürfnis nach eigenständigen sozialen Kontakten zu anderen Kindern. Gerade der Besuch von Kindertageseinrichtungen kommt den Kindern in diesem Bedürfnis entgegen.

Interessant ist, dass schon die Kleinsten heteronormative[15] Paarungsmuster verfolgen und wenig gleichgeschlechtliche Liebesbeziehungen bekundet werden (vgl. Millhofer, 1998). Dieser Umstand hängt stark damit zusammen, dass Kinder Sexualität *erlernen*. So belohnen besonders Mütter geschlechtstypisches Verhalten von Mädchen. Väter belohnen geschlechtstypisches Verhalten von Jungen. Gleichzeitig wird geschlechtsuntypisches Verhalten bestraft (vgl. Langlois/Downs, 1980).

Auch die Spielzeugindustrie nutzt dieses Junge-vs.-Mädchen-Schema und stellt spezifische Spielzeuge her, die eher von Jungen bzw. von Mädchen bevorzugt werden sollen. Rollenspiele finden statt, außerdem wird auch der Körper des gleichen und des anderen Geschlechts interessant. Oftmals kann man Kinder bei gemeinsamen Toilettengängen beobachten, wie sie ihre Geschlechtsteile miteinander

[14] Für alle möglichen Lösungsstrategien gilt: Es gibt keine richtigen pädagogischen Maßnahmen, sondern bestenfalls angemessene (vgl. Giesecke, 1992, 38).

[15] heteronormativ = selbstverständliche Annahme, dass Heterosexualität normal ist und alle anderen Lebensmodelle Abweichungen darstellen

vergleichen. Hierbei ist zu bedenken, dass Kinder auch in diesem Bereich kleine Forscher sind, die die Welt aktiv erkunden. Allerdings muss einschränkend bemerkt werden, dass Kinder zwischen dem vierten und siebten Lebensjahr auch ein natürliches Schamgefühl entwickeln. Je nach Persönlichkeit des Kindes ist dieses in diesem Alter noch mehr am Erkunden interessiert oder aber am Verbergen seiner Geschlechts- und Ausscheidungsvorgänge (vgl. Schuhrke, 1999).

Mögliche Einschränkungen bei Menschen mit Behinderung: Kinder mit Sprachbehinderungen können häufig in Rollenspielen nur passive Parts übernehmen. So spielen sie in Vater-Mutter-Kind-Rollenspielen oft das sprachlich passive Baby. Hier ist darauf hinzuwirken, dass diese Kinder auch einmal Vater bzw. Mutter spielen können, um eine geschlechtsspezifische Rollenvorstellung zu erlangen.

Unklar ist bislang, wie Menschen, die ständig im Genitalbereich auf Hilfe angewiesen sind (Wickeln), ihr Schamgefühl entwickeln können (Ortland, 2007).

> **MERKE** **Das vierte Lebensjahr** ist durch eine Ambivalenz zwischen Körpererkundung und einsetzender Körperscham gekennzeichnet. Das Rollenspiel (besonders Vater-Mutter-Kind-Spiele) wird von den Kindern häufig durchgeführt, um ihre Geschlechtsrollen zu erproben. In der Erprobung der Geschlechtsrollen werden die Kinder von ihren Bezugspersonen für geschlechtstypisches Verhalten belohnt. Geschlechtstypisches Verhalten wird nicht nur von den Bezugspersonen präferiert, sondern auch durch Spielzeug verstärkt. Heilerziehungspfleger sollten bei der Auswahl von Spielzeugen darauf achten, dass eine möglichst große Bandbreite von Spielsachen für Kinder in den jeweiligen Einrichtungen vorhanden ist, damit die Jungen und Mädchen, inter- und transsexuellen Menschen eine Wahlfreiheit haben.

Fallbeispiel: *Peter ist 6 Jahre alt und geistig behindert. Er geht in einen integrativen Kindergarten und hat viele Mädchen als Spielpartnerinnen. Er spielt häufig in der Puppenecke. Besonders Edda – eine Puppe, die gefüttert werden kann und die gewickelt werden muss –, hat es ihm angetan. Er spielt beinahe täglich mit Edda. Normalerweise wird Peter von seiner Mutter mittags aus dem Kindergarten abgeholt. Heute holt ihn aber sein Vater ab. Er beobachtet Peter, wie dieser mit Edda spielt. „Peter lass das, das ist nur was für Mädchen … Da hinten ist die Bauecke … Da gibt es Trecker. Damit spielen richtige Jungs." An die Heilerziehungspflegerin gewandt sagt er: „Bitte schauen Sie, dass Peter mit richtigem Spielzeug spielt. Für Puppen ist er echt zu alt. Und außerdem ist das doch eher etwas mehr für Mädchen. Was sollen denn die Leute denken?"*

Mögliche Lösung: *Sie als Heilerziehungspfleger haben die Chance, diese Aufforderung als Gesprächsanlass zu nehmen. Hinterfragen Sie die Sorgen, die der Vater äußert. Hinter dieser Aussage liegen verborgene Ängste des Vaters. Letztlich gilt es, die Frage zu stellen, wo das Problem liegt. Peter scheint kein Problem damit zu haben, mit Puppen zu spielen. Wichtig ist auch hier, darauf hinzuweisen, dass das Spielen mit Puppen ein wichtiger Entwicklungsschritt für Kinder darstellt. Sie erlernen im Rollenspiel ihre sozialen Kompetenzen, in diesem Fall das Wickeln, Pflegen und Behüten von Kindern.*

5.5 Das fünfte Lebensjahr

Das Rollenspiel verliert auch im fünften Lebensjahr nicht an Bedeutung für die Kinder. Das Vater-Mutter-Kind-Spiel wird nun häufig durch **„Doktorspiele"** ersetzt, bei denen der Patient/die Patientin auch im Genital-/Analbereich untersucht wird (vgl. Löbner, 1998). Hier ist es wichtig, dass darauf geachtet wird, dass Kinder Rückzugsräume für Doktorspiele bekommen. Mit den Kindern müssen **klare Regeln** vereinbart werden, z. B., dass ein Nein eines anderen Kindes auch Nein bedeutet und nicht übergangen werden darf. Außerdem sollte darauf geachtet werden, dass in den Rückzugsräumen keine spitzen Gegenstände vorzufinden sind. Grundsätzlich gilt, dass Doktorspiele *nicht* sanktioniert oder verboten werden sollten, da dies eine sehr sensible Phase innerhalb des Sexuallernens darstellt.

Im Rollenspiel ist häufig zu beobachten, wie Kinder nun Hochzeit spielen und erste „Liebesbeziehungen" eingehen. In diesen Beziehungen, werden erste wichtige Erfahrungen hinsichtlich der Emotionsregulation erlernt. So kommt es häufig vor, dass die Kinder bei Streitereien die Aufhebung der zuvor geschlossenen Ehe verkünden: „Du bist nicht mehr mein Freund" oder „Jetzt heirate ich einen anderen" (vgl. Löbner, 1998).

Mögliche Einschränkungen bei Menschen mit Behinderung: Für Kinder mit körperlichen Einschränkungen ist das Doktorspiel häufig durch das Tragen einer Windel erschwert. Hier wäre zu überlegen, ob es zumindest zeitweise möglich ist, dass die Kinder keine Windel tragen müssen oder aber eine leichte Stoffwindel bekommen, die beim Doktorspiel auch von anderen Kindern entfernt werden kann.

Für Kinder mit geistiger Behinderung besteht häufig das Problem, dass sie aufgrund ihrer Einschränkung ihre Bedürfnisse nicht klar artikulieren können und somit Gefahr laufen, beim Doktorspiel in eine passive Rolle gedrängt zu werden. In diesem Zusammenhang ist es wichtig, dass mit den Kindern gemeinsam klare Regeln vereinbart werden und darauf hingewiesen wird, dass gerade auf Menschen mit geistiger Behinderung besonders sensibel reagiert werden muss.

> **MERKE** **Das fünfte Lebensjahr** steht im Zeichen der Doktorspiele. Die Körper des anderen und des gleichen Geschlechts werden intensiv erforscht. Häufig verarbeiten Kinder dabei ihre eigenen Erfahrungen mit Arztuntersuchungen bspw. im Rahmen der Regel-Untersuchungen.

5.6 Das sechste Lebensjahr

„Mädchen sind doof, Jungen auch", so könnte das sechste Lebensjahr am treffendsten beschrieben werden. In dieser Phase konzentrieren sich die Geschlechter auf ihr jeweiliges Geschlecht. Jungen finden Mädchen plötzlich doof und zickig und umgekehrt. In dieser Phase sind die Kinder stark darauf bedacht, dass sie sich **geschlechtsrollenkonform** verhalten. Wurde die Jahre zuvor von den Bezugspersonen geschlechtsuntypisches Verhalten bestraft, erfolgt dies nun durch die

Peers (Gruppe der Gleichaltrigen). Ein Junge, der sich nicht geschlechtsrollenkonform verhält, wird dafür von seinen Geschlechtsgenossen schnell als „Mädchen" bezeichnet, was als schwerwiegender Ausschluss aus der Geschlechtergruppe empfunden werden kann. Mädchen neigen in dieser Phase häufig dazu, sich sehr mädchenhaft zu geben. Auch Kleidung, die scheinbar mädchenhaft ist (besonders Rosa), wird nun bevorzugt von den Mädchen getragen. Für die Kinder ist es besonders wichtig, dazuzugehören. Es gibt nichts Schlimmeres, als von den gleichgeschlechtlichen Peers nicht als geschlechtsangemessen angesehen zu werden: „die Kinder [suchen] jeweils die Selbstvergewisserung als Mädchen bzw. Junge [...], das ausschließliche Zusammensein mit ihresgleichen dient der Identitätssicherung" (Philipps, 2000, 32).

Mögliche Einschränkungen bei Menschen mit Behinderung: Das plötzliche Wegfallen von Freundschaften zum anderen Geschlecht könnte von Kindern mit Behinderung als Ablehnung ihrer Person aufgrund ihrer Andersartigkeit verstanden werden. Der Umstand, dass Kinder mit Behinderung häufig mehr Zeit zum Aufbau von Beziehungen benötigen, macht das Wegfallen bisheriger Freundschaften für sie umso gravierender. In dieser Phase ist es besonders wichtig, dass Heilerziehungspfleger/-innen den Menschen mit Behinderungen viel Trost und Aufmerksamkeit spenden.

5.7 Siebtes Lebensjahr bis zur Pubertät – die Latenzphase

Die Phase zwischen dem siebten Lebensjahr und dem Beginn der Pubertät wird in der Psychoanalyse als **Latenzphase** bezeichnet. Die Kinder haben grundlegende Erfahrungen mit ihrer Geschlechtsrolle gemacht und wissen implizit, was gesellschaftlich von ihnen als Junge bzw. Mädchen erwartet wird. Mittlerweile können die Kinder sich klar ihrem jeweiligen Geschlecht zuordnen.

„Die Sexualisierung der Beziehung, wie sie bei vier- bis fünfjährigen Kindern anzutreffen ist, verringert sich deutlich, und zärtliche Impulse gewinnen die Oberhand." (Mertens, 1996, 117) Diese Phase wird von den Kindern genutzt, um weitere Erfahrungen in Bezug auf ihre Geschlechtsrolle zu sammeln. Dabei unterscheiden sich die Geschlechter insofern, als die Mädchen verstärkt nach Anerkennung bei den Erwachsenen suchen, Jungen hingegen stärker die Anerkennung der Peers benötigen (vgl. Millhofer, 1998). Das bis dahin negative Verhältnis zum anderen Geschlecht verbessert sich zusehends. Plötzlich sind Jungen nicht mehr doof und Mädchen nicht mehr zickig. „Die Kinder spüren, dass körperlich-sexuelle Nähe sehr lustvoll sein kann [...]. Andererseits ist ihnen diese Form von Nähe und Beziehung auch noch fremd und unheimlich." (Gnielka, o. J., 19)

Die Kinder beginnen nun auch verstärkt, sich selbst zu befriedigen. Durch das mittlerweile entwickelte Schamgefühl werden diese Aktivitäten vor den Erwachsenen versteckt. Auch gegenseitige Doktorspiele finden heimlich statt. „Auffällig ist, dass Selbstbefriedigung für Jungen und Männer eine viel selbstverständlichere Angelegenheit ist als für Mädchen und Frauen." (Gnielka, o. J., 29) Die Latenzphase ist für Jungen häufig problematischer als für Mädchen. Da der gesamte Elementar- und Grundschulbereich von Frauen dominiert wird, sind Jungen in einer „permanenten Beweispflicht (ihrer) Männlichkeit, vor allem in der männlichen Peer Group" (Milhofer, 1998, 97). Dies lässt sich gut auf Schulhöfen beobachten, auf denen Jungen häufig ihre Kräfte in Kampfspielen und Rangeleien erproben.

Mit zunehmendem Alter erfolgt auch **kognitiv ein Entwicklungsschub**. Die Kinder können nun komplexere Sozialbeziehungen besser verstehen. „Erst im Laufe der Grundschulzeit können sie [die Kinder] verstehen, dass ein Kind nicht deshalb entsteht, weil Mama und Papa sich lieb haben oder verheiratet sind, sondern weil nach dem Geschlechtsverkehr im Körper der Mutter eine Befruchtung von Samen und Eizelle stattfindet." (Gnielka, o. J., 25) Grundsätzlich sind Kinder jetzt auch in der Lage, den Lustaspekt der Sexualität zu verstehen. Dieser wird aber von den Erwachsenen häufig ausgespart, aus Sorge, die Kinder damit zu überfordern. Dabei sind Kinder in diesem Alter häufig noch unbefangen und stellen viele Fragen rund um das Thema Liebe, Sexualität und Lust, die von der heilerziehungspflegerischen Fachkraft beantwortet werden sollten.

Mögliche Einschränkungen bei Menschen mit Behinderung: Da in der Latenzphase Freundschaften sehr wichtig für Kinder sind, besteht hier auch ggf. das größte Problem für Kinder mit Behinderungen. Je nachdem, wie die Kinder aufwachsen und ob sie in integrative Einrichtungen oder Förderschulen gehen, sind die Freundschaftsbeziehungen unterschiedlich gestaltet. Förderschulen haben in der Regel große Einzugsgebiete, sodass die Kinder meist auf Fahrdienste der Eltern angewiesen sind. Häufig sind damit die Freundschaftskontakte auf die Schulzeit beschränkt. Hier sollte darauf hingewirkt werden, dass auch außerhalb der Schulzeiten die Möglichkeit auf Spielkreise bzw. Nachmittagstreffs besteht.

Bei Mädchen besteht häufig das Problem, dass sie in dieser Phase bemerken, dass sie dem klassischen Rollenbild (Haushalt, Heirat, Kinder bekommen) nicht vollständig entsprechen können. Viele Mädchen reagieren darauf mit der Frage, ob sie jemals eine „vollwertige" Frau sein können. Hier gilt es für Heilerziehungspflegerinnen, deutlich zu machen, dass Frauen vielfältige Rollen leben können und dass es auch mit einer körperlichen Behinderung möglich ist, „klassische Familienbilder" zu erfüllen – sofern dies von den Mädchen gewünscht wird. Auch ist darauf zu achten, dass diesen Mädchen verdeutlicht wird, dass moderne Familienbilder nicht mehr vorrangig aus Kindern und Haushalt bestehen müssen, sondern vielfältiger gelebt werden können.

> **MERKE** **Die Latenzphase** ist durch einen grundsätzlichen Rückgang der sichtbaren Sexualität gekennzeichnet. Sexuelle Erfahrungen zwischen den Kindern finden zwar dennoch statt, nun aber heimlich, aufgrund des entwickelten Schamgefühls der Kinder. Die Beziehungen zum anderen Geschlecht entspannen sich und erste Annäherungsversuche sind sichtbar, aber noch mit starken Unsicherheiten und Ängsten besetzt.

5.8 Sexuelle Entwicklung bei Jugendlichen ohne Behinderung

Das Jugendalter ist von verschiedenen Entwicklungsaufgaben gekennzeichnet, die Havighurst bereits 1972 zusammengestellt hat. Trotz der lange Zeitspanne zwischen 1972 und heute sind die meisten Entwicklungsaufgaben gleich geblieben. Dreher/Dreher (1985) haben die Entwicklungsaufgaben für das Jugendalter zusammengefasst:

- Reifere Beziehungen zu Altersgenossen beiderlei Geschlechts aufbauen und erhalten
- Übernahme der männlichen bzw. weiblichen Geschlechtsrolle
- Akzeptanz des eigenen (veränderten) Körpers
- Emotionale Unabhängigkeit von Bezugspersonen erreichen
- Vorbereitung auf Ehe/eingetragene Lebenspartnerschaft und Familienleben
- Vorbereitung und Ausbau der beruflichen Karriere
- Sozial verantwortliches Verhalten anstreben

Aus den Erkenntnissen von Havighurst und Dreher/Dreher entwickelte Fend (2003) einen erweiterten handlungsorientierten Ansatz. Fend geht davon aus, dass Jugendliche in eine Gesellschaft eingebunden sind, diese aber auch beeinflussen können. Somit ist die sexuelle Entwicklung des Jugendalters durch eine Wechselwirkung zwischen dem/der Jugendlichen und der Gesellschaft gekennzeichnet. Fend macht dafür zwei Aspekte bzw. Entwicklungsaufgaben fest:

1. Den Körper bewohnen lernen
2. Umgang mit Sexualität lernen

Unter der Überschrift „Den Körper bewohnen lernen" versteht Fend vor allem ein von der Gesellschaft vorgegebenes Körperideal. Durch Werbung, Kosmetik- und Textilindustrie wird Jugendlichen suggeriert, wie ein idealer Mann/eine ideale Frau auszusehen, sich zu kleiden und zu schminken hat. Die wenigsten Jugendlichen und auch Erwachsenen können diesem (häufig durch Bildbearbeitung nachgeholfenem) Schönheitsideal standhalten. Die einsetzenden körperlichen Veränderungen erschweren es den Jugendlichen zusätzlich, sich komplett anzunehmen. Gerade Mädchen zwischen dem neunten und zwölften Lebensjahr, deren Brüste zu wachsen beginnen, können darauf verunsichert reagieren, wenn ihre Brüste anscheinend zu klein oder zu groß sind. Auch das Einsetzen der Menarche (erste Regelblutung) zwischen dem elften und dreizehnten Lebensjahr kann zu Verunsicherung bei den Mädchen führen. Die körperliche Entwicklung der Jungen setzt im Normalfall später ein, zwischen dem zwölften und sechzehnten Lebensjahr. Die Ejakularche (erste Ejakulation) findet zwischen dem zwölften und siebzehnten Lebensjahr statt (vgl. Kluge, 1998).

> **MERKE** **Die Pubertät** ist kein einheitliches Vorkommnis bei allen Jugendlichen. Wie alle Lebensprozesse ist auch die Pubertät sowohl im Erleben als auch in ihrer Dauer individuell verschieden.

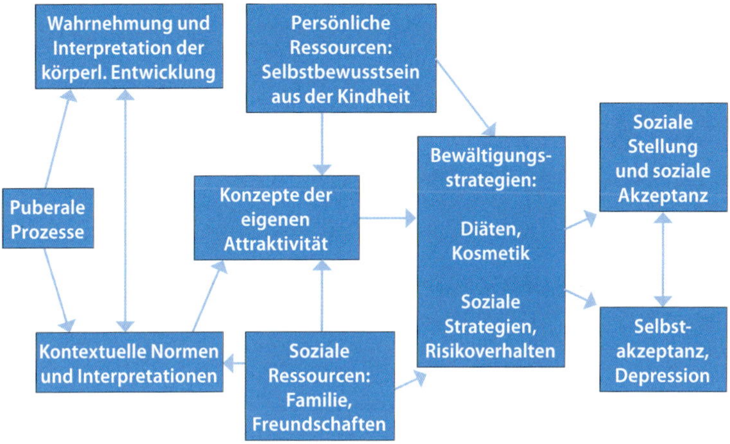

Abb. 1 Modell der Verarbeitungsprozesse der Pubertät (Fend, 2003, 229, in Ortland, 2008)

Fend befragte Jugendliche zu ihrem pubertären Prozess und konnte feststellen, dass grundsätzlich die Frage der „Normalität" entscheidende Fragestellungen für Jugendliche sind. Es dreht sich fast alles darum, ob der Junge/das Mädchen „normal" im Sinne von „angemessen" für die Peers und das Alter ist. Dazuzugehören zur Gruppe ist von größter Wichtigkeit. Das Tragen gleicher Klamotten, das Hören der gleichen Musik sind Ausdruck von Zugehörigkeit und damit ein Indikator für Normalität. Fend befragte Mädchen in der Schweiz und fand heraus, dass für sie vor allem das industriell geprägte Schlankheitsideal maßgebend für Normalität war. Die wenigsten Mädchen können jedoch diesem Ideal aufgrund der hormonellen und körperlichen Veränderung in diesem Zeitabschnitt überhaupt entsprechen. Daraus folgt zudem, dass Mädchen ihr Aussehen grundsätzlich negativer bewerten als Jungen (vgl. Mrazek, 1987). Auch das Körpergewicht ist ein entscheidender Indikator für Normalität. Zu dick oder zu dünn zu sein, ist eine große Sorge beider Geschlechter. Jungen haben darüber hinaus häufig Probleme mit Akne und ihrem Stimmbruch. Problematisch ist in diesem Zusammenhang besonders, dass Jugendliche, die nicht glauben, dass sie attraktiv seien, auch glauben, nicht beliebt zu sein. Dies führt mitunter zu schweren pubertären Krisen. „Mädchen scheinen insgesamt eher Depressionsphänomene zu erleben, Jungen bringen ihre Unausgeglichenheit durch Verhaltensauffälligkeiten zum Ausdruck." (Fend, 2003, 251).

MERKE Insgesamt ist die Entwicklungsaufgabe „Den Körper bewohnen lernen" für Jugendliche mit erhöhtem Druck von außen (durch Werbung und Medien) und innerer Anspannung gekennzeichnet. Der Wunsch dazuzugehören und „normal" zu sein, ist bei allen Jugendlichen präsent. Für Heilerziehungspfleger bedeutet dies, dass sie möglichst frühzeitig mit Jugendlichen über Schönheitsideale und damit verbundene Probleme ins Gespräch kommen sollten.

Umgang mit Sexualität lernen: Durch das Einsetzen der Geschlechtsreife sind Jugendliche gezwungen, ihre genitale Sexualität mit in ihre Gesamtpersönlichkeit zu integrieren (vgl. Kluge, 1998). Fend beschreibt in diesem Zusammenhang vor allem zwei Entwicklungsanforderungen:

1. Entwicklungsanforderung: sexuelle Authentizität: „Sexualität muss in das eingebettet sein, was eine Person für sich als gut und ihr gemäß empfinden kann." (Fend, 2003, 257)
2. Entwicklungsanforderung: Verknüpfung von Sexualität und sozialer Bindung

In Frühformen haben schon kleine Kinder erste „Liebesbeziehungen", in denen verschiedene Gefühlsregungen erlernt werden. Während der Pubertät werden diese Beziehungen intensiviert und um den Geschlechtsakt bzw. Vorstufen wie Petting erweitert. „Zu lernen, Liebesbeziehungen einzugehen und zu lösen, könnte deshalb mit Fug und Recht als die übergeordnete Aufgabe angesehen werden. Die Bewältigung der Sexualität wird damit ein Kernaspekt der sozialen Entwicklungsaufgabe im Jugendalter." (Fend, 2003, 258). Für die meisten Jugendlichen stellt die *zweite* Entwicklungsanforderung eine hohe Herausforderung dar. Das Eingehen dauerhafter Beziehungen ist schwierig, da noch keine Vorerfahrungen bestehen, wie in einer Beziehung kommuniziert werden kann. So haben die meisten Jugendlichen Fragen in Bezug auf das Ansprechen von Problemsituationen innerhalb der Partnerschaft. Häufig zerbrechen erste Beziehungen schnell, da in ihnen erste Schritte zur gemeinsamen Paarbeziehung erlernt werden (vgl. Plies/Nickel/Schmidt, 1999).

5.9 Sexuelle Entwicklung bei Jugendlichen mit Körperbehinderung

Die Pubertät ist für Menschen mit Behinderungen allgemein als noch schwieriger anzusehen, als für Menschen ohne Behinderung (vgl. Weinwurm-Krause, 1990). Das Hauptproblem für Jugendliche mit Körperbehinderung besteht darin, dass sie verstehen und verinnerlichen, dass sie dem gängigen Schönheitsideal aufgrund ihrer Behinderung nicht entsprechen können. Dies wiederum führt zur Selbstabwertung und Isolation (vgl. Minde, 1978). Allerdings muss hier klar eingeschränkt werden, dass dies keine universelle Gültigkeit für alle Menschen mit Körperbehinderung hat. Entscheidend für die eigene Zufriedenheit der Menschen mit Behinderung ist, wie das soziale Umfeld mit ihrer Behinderung umgeht (vgl. Friese, 2005). Besonders folgende Faktoren können helfen, Menschen mit Körperbehinderung zu einem positiven Selbstbild zu verhelfen:

Risikofaktoren	Schutzfaktoren
Personale Ebene	
Negative Selbstwertschätzung Mangelndes Vertrauen in die eigenen Kräfte Externale Kontrollüberzeugungen Desintegration von Behinderung und Selbstkonzept Körperbehinderung als unglückliches Schicksal	Positive Selbstwertschätzung Vertrauen auf eigene Kräfte (Empowerment) Internale Kontrollüberzeugungen Integration der Behinderung in das Selbstkonzept Körperbehinderung als Herausforderung
Soziale Ebene	
Niedrige soziale Schicht Unangemessene, negative Körpererfahrungen Ungünstige, wechselhafte soziale Beziehungen Inkonstanz/Unzuverlässigkeit der Erziehungsbedingungen Geringer Anregungsgehalt der psychosozialen Entwicklungsbedingungen Perzeptiv-kognitiv: Hyporesponsiveness Emotional-sozial: mangelndes „affect attunement" Soziale Normorientierung des Erziehungsverhaltens Förderung von Abhängigkeit und Unselbstständigkeit (Überbehütung) Überforderung Leistungsorientierte, „therapeutisierte" Förderung Ablehnung	Mittlere soziale Schicht Angemessene, positive Körpererfahrungen Konstanz/Verlässlichkeit der Erziehungsbedingungen Hoher Anregungsgehalt der psychosozialen Entwicklungsbedingungen Perzeptiv-kognitiv: Responsiveness Emotional-sozial: angemessenes „affect attunement" Individuelle Normorientierung des Erziehungsverhaltens Förderung von Unabhängigkeit, Selbstständigkeit (Respekt vor kindlicher Autonomie) Angemessene Forderung Kindgemäße, spielerische Förderung Akzeptanz
Gesellschaftlich-strukturelle Ebene	
Ablehnende Einstellung Segregation Exklusion Barrieren Stigmatisierung (Prädikatszuweisung über Körperschädigung) Nicht gelingender Umgang mit Verschiedenheit	Akzeptierende Einstellung Integration Inklusion Barrierefreiheit Personaler Respekt (Schädigungsunabhängige personale Prädikatszuweisung) Normalität von Verschiedenheit

(Quelle: Risiko- und Schutzfaktoren in der Entwicklung körperbehinderter Jugendlicher, Leyendecker, 2006, 21 f., in Ortland, 2008, 58 f.)

Den Körper bewohnen lernen: Grundsätzlich kann gesagt werden, dass die körperliche Entwicklung von Menschen ohne Behinderung und Menschen mit körperlicher Behinderung parallel verläuft. Ausnahme bestehen ausschließlich bei Mädchen mit Spina bifida (Erkrankung: Neuralrohrfehlbildung, allgemein auch unter „offenem Rücken" bekannt), bei denen die Menarche früher einsetzt (vgl. Richter, 1998).

Wie bei allen Jugendlichen ist für die Jugendlichen mit Körperbehinderung die Rückmeldung der Peergroup besonders wichtig. Durch den Umstand, dass sie nicht dem gängigen Schönheitsideal entsprechen können, erhalten sie oftmals negative Rückmeldungen von Peers. „Schon allein das Wissen um die Tatsache der Zugehörigkeit zu einer Gruppe von Menschen (die auch heute noch im Alltag aufgrund ihrer Behinderung mehr oder minder subtil diskriminiert werden), ist im Bewusstsein behinderter Menschen emotional und kognitiv verankert und führt zu einer Belastung." (Fries, 2005, 347)

> **MERKE** Menschen mit körperlicher Behinderung entsprechen nicht dem gängigen Schönheitsideal. Deswegen ist es notwendig, dass die Heilerziehungspfleger/-innen frühzeitig mit den Kindern und Jugendlichen über Schönheitsideale und damit verknüpfte Probleme ins Gespräch kommen.

Auch das Selbstwertgefühl der Jugendlichen ist tendenziell eher negativer geprägt als das der nicht behinderten Kontrollgruppe (vgl. Dechesne, 1981). Das negative Selbstwertgefühl resultiert aber nicht nur aus den negativen Rückmeldungen der Umwelt, sondern auch aus der dauerhaft gemachten Erfahrung, behindert zu sein. So werden Menschen mit Körperbehinderung vom ersten Tag an von Ärzten und Therapeuten auf ihre Behinderung reduziert und erleben durch die jeweiligen Maßnahmen immer wieder ihren „Sonderstatus" (vgl. Bergeest, 1997; Wellach, 1999).

„[…] die Rollenzuweisung ‚behindert zu sein' [verändert] das Leben der Behinderten in ihrem Erleben, Fühlen und Handeln […] [sodass] Behinderung als Barriere wirkt i. S. von weniger Chancen, Freundschaften zu schließen, Kontakte zu gegengeschlechtlichen Partnern zu knüpfen" (Kluge/Sander, 1987, 174 f.).

Für Menschen mit körperlichen Behinderungen sind für die Entwicklungsaufgabe „Den Körper bewohnen lernen" folgende Punkte festzuhalten:

- Negative Körpererfahrungen aus der Kindheit prägen das Selbstwertgefühl für das ganze Leben.
- Die eigene Attraktivität wird von körperbehinderten Menschen grundsätzlich negativer eingeschätzt als von nicht behinderten Menschen.
- Oftmals bleibt körperbehinderten Jugendlichen der Kontakt zu nicht körperbehinderten Jugendlichen verwehrt.

Umgang mit Sexualität lernen: Insgesamt kann gesagt werden, dass Jugendliche mit körperlicher Behinderung bezüglich sexueller Aktivitäten (Erregung, Geschlechtsverkehr, Selbstbefriedigung) weniger intime Erfahrungen haben als Jugendliche ohne Behinderung (vgl. Kluge/Sander, 1987). Die Jugendlichen wissen um ihre schlechteren Chancen in Bezug auf sexuelle Beziehungen und leiden darunter (vgl. Daut, 2005).

Gerade bei Frauen zeigt sich ein Unterschied. So wurde aus Befragungen festgestellt, dass Mädchen mit und ohne Körperbehinderung im Schnitt im Alter von 13 Jahren aufgeklärt wurden, aber die Frauen ohne Behinderung machten weit früher erste sexuelle Erfahrungen (vgl. Walter/Nosek/Langdon, 2001). Dies liegt unter anderem daran, dass Frauen mit Behinderung immer auf die Hilfe von anderen angewiesen sind, um Paarbeziehungen eingehen zu können.

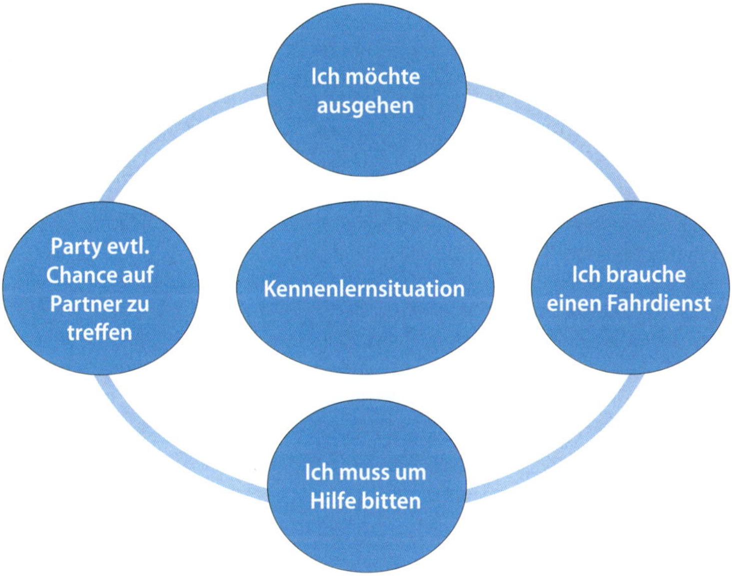

Abb. 1 Kennenlernsituationen und ihre Folgen

Für Jungen mit Querschnittslähmung kommt hinzu, dass sie in aller Regel keine Erektion (mehr) bekommen können. Dies führt auch zu weniger sexuellem Erleben. Von den Jungen wird dies häufig als problematisch und unmännlich erlebt. Viele dieser jungen Männer befriedigen sich deshalb nur sehr selten (vgl. Dechesne, 1981).

In Bezug auf Aufklärung ist festzustellen, dass besonders Jungen mit Mehrfachbehinderung erst sehr spät aufgeklärt werden. Dies liegt daran, dass die Bezugspersonen „erst spät daran denken, dass eine sexuelle Aufklärung überhaupt notwendig ist" (Kluge/Sander, 1987, 312).

Befragungen von Erziehungsberechtigten ergaben, dass sowohl die Auseinandersetzung mit Themen rund um Sexualität als auch die Aufklärung von körperbehinderten Jugendlichen in den Hintergrund treten. Dies liegt daran, dass die meisten Erziehungsberechtigten in ihren Kindern keine sexuellen Wesen sehen. Dennoch halten 60 % der Eltern Aufklärung für eine klassische Elternaufgabe, die **ihnen besonders schwer fällt**. Immerhin 17,8 % der befragten Eltern hielten Sexualaufklärung für schwerstbehinderte Jugendliche für überflüssig (vgl. Diehl/Reuber, 1995).

> **MERKE** Jugendliche mit Körperbehinderung erhalten selten frühzeitig sexuelle Aufklärung durch Erziehungsberechtigte. Daraus folgt, dass diese Jugendlichen von den Heilerziehungspflegern/Heilerziehungspflegerinnen in der Sexualaufklärung besonders berücksichtigt werden müssen.

Der Umstand, dass Jugendliche mit Körperbehinderung immer noch mehrheitlich in Sonderschulen/Förderschulen unterrichtet werden, führt dazu, dass sie kaum Erfahrung in der Kommunikation mit Jugendlichen ohne Behinderung haben. Dasselbe gilt im Umkehrschluss für nicht behinderte Jugendliche. Dadurch, dass kaum Kontakt zwischen behinderten und nicht behinderten Menschen stattfindet, ist es schwierig für Menschen mit Behinderung, Zeichen der Annäherung und des Flirtens zu entschlüsseln: Es fehlt ihnen oftmals eine *sexuelle Sprache* (vgl. Wilhelm, 1996). „In Kontaktsituationen bleibt der körperlich Geschädigte orientierungslos, das heißt, er kann das Verhalten des Gegenübers nicht ‚objektiv' deuten, z. B. ob das Verhalten auf sexuelle Annäherung oder lediglich auf Gespräch ausgerichtet ist." (Weinwurm-Krause, 1990) Die Ausgrenzung von Behinderten hat auch Konsequenzen für Nichtbehinderte: Da weder die eine noch die andere Seite lernt, aufeinander zuzugehen, kommt es auch seltener zur Pärchenbildung zwischen Menschen mit und ohne Behinderung. Menschen ohne Behinderung haben häufig Angst, „von einem Behinderten nicht so schnell wieder loszukommen, ihn durch eine Trennung stärker zu verletzen als einen Nichtbehinderten" (Schwerdt, 1981, 70).

In Bezug auf den Genderaspekt lässt sich feststellen, dass **Frauen mit Behinderung** weit seltener Beziehungen zu nichtbehinderten Männern eingehen, als das ihre männlichen Pendants tun. Das gegenwärtige Schönheitsideal macht es Frauen sehr viel schwieriger, sich in ihrer Weiblichkeit anzunehmen, als das bei Männern der Fall ist.

„Frauen mit Behinderung haben es ungleich schwerer als behinderte Männer, in unserer Gesellschaft akzeptiert zu werden und ihren Selbstwert und ihr Rollenverständnis als Frau aufzubauen." (Blume-Werry, 1999, 14). Darüber hinaus kommt hinzu, dass Erziehungsberechtige von ihren körperbehinderten Töchtern häufiger als von ihren Söhnen gute schulische Leistungen einfordern und erwarten, dass sie beruflich erfolgreich werden. „Die Interiorisation[16] eines durch Erziehung vermittelten stark ausgeprägten Leistungskonzepts scheint die Verwirklichung befriedigender Sexualität zu hemmen." (Weinwurm-Krause, 1990, 193).

[16] Interiorisation: Verinnerlichung von gelernten sozialen Normen

Neben den verinnerlichten Ansprüchen der Mädchen erschweren die ablehnenden Reaktionen der Umwelt auf Paarbeziehungen zwischen behinderten und nicht behinderten Menschen es diesen jungen Paaren, eine stabile Beziehung aufzubauen (vgl. Fuchs, 1987; Kluge/Sander, 1987; Schönwiese, 1981). „Offensichtlich werden tiefliegende Ängste mobilisiert, dass die Familie sich mit einem Stigmatisierten belastet, identifiziert und ins Gerede gebracht werden könnte. Behinderung ist eben ansteckend." (Schönwiese, 1981, 466) Studien zeigen, dass Mädchen mit Körperbehinderung sich eher Beziehungen zu Männern ohne Behinderung wünschen und sich dort vor allem Hilfe und Schütz wünschen. Auch der Wunsch nach Schwangerschaft und Kindern sind bei körperbehinderten Mädchen genauso ausgeprägt wie bei nicht behinderten. Allerdings haben sie häufiger Angst vor Komplikationen bei der Geburt (vgl. Kluge/Sander, 1987).

Loslösung vom Elternhaus: Bei Jugendlichen, die ihr gesamtes Leben lang auf Hilfe angewiesen waren, ist es nicht verwunderlich, dass sie eine enge Beziehung zu ihren Sorgeberechtigten aufbauen (vgl. Minde, 1978; Bretländer/Schildmann, 2004). Dies hat im Gegenzug aber auch Nachteile für die Jugendlichen. Gerade die Pubertät, in der sich Jugendliche von ihren Bezugspersonen abzugrenzen lernen sollen, ist für Körperbehinderte schwieriger. Gehen körperbehinderte Jugendliche Paarbeziehungen ein, so achten sie sehr genau darauf, dass der Partner/die Partnerin den Sorgeberechtigten gefällt. Nicht behinderte Jugendliche verstecken hingegen ihre neue Liebe eher vor den Sorgeberechtigten (vgl. Kluge/Sander, 1987). Gerade jene Behinderungen, die in der Jugendphase einer verstärkten Aufmerksamkeit bedürfen, bspw. die Muskeldystrophie, machen es notwendig, dass die Jugendlichen noch stärker mit Ärzten und Therapeuten zusammenarbeiten und somit eine Ablösung von den Bezugspersonen unmöglich wird (vgl. Ortmann, 2006).

Gerade der Umstand der körperlichen Abhängigkeit von Bezugspersonen macht es für die Jugendlichen schwierig, sich abzulösen. „Ablösen" bedeutet auch, sich körperlich von den Sorgeberechtigten lösen zu können (vgl. Aebi, 1974). „Die Abhängigkeit von der Hilfe anderer, besonders von der Hilfe seiner Eltern, erschwert es dem Behinderten, sich von den Eltern zurückzuziehen, gegen sie zu protestieren und eine objektivere Einstellung zu ihnen zu gewinnen." (Aebi, 1974, 141)

Problematisch ist diese Dauerpflege auch für die Sorgeberechtigten selbst. Für sie ist dies psychisch nur dadurch möglich, dass sie ihr Kind entsexualisieren und als „großen Säugling" wahrnehmen. Zusammenfassend kann für den Entwicklungsbereich „Umgang mit Sexualität" gesagt werden, dass

- Jugendliche mit Körperbehinderung erst später erste sexuelle Erfahrungen machen, manche Jugendlichen auch keinerlei sexuelle Erfahrungen in dieser Phase machen werden;
- Isolation das größte Problem bei beiden Geschlechtern darstellt, da die Jugendlichen keinen Austausch erfahren und somit auch keine „sexuelle Sprache" erlernen können;

- die Jugendlichen selten von ihren Sorgeberechtigten aufgeklärt werden, obwohl diese Aufklärung für eine wichtige Aufgabe gehalten wird;
- die Hauptaufgabe der Pubertät – das Ablösen von den Bezugspersonen – nur schwer gelingt, da eine ständige körperliche Abhängigkeit entsteht;
- jugendliche körperbehinderte Mädchen ein schlechteres Selbstwert- und Körpergefühl aufgrund geltender Schönheitsideale entwickeln können.

Für die Heilerziehungspflegerinnen ergeben sich somit folgende Aufgaben:

ÜBUNG

Aufgabe der pädagogischen Fachkraft

- Altersangemessene Sexualaufklärung, gerade für querschnittsgelähmte und mehrfachbehinderte Jungen
- Gemeinsames Hinterfragen von Schönheitsidealen, gerade für körperbehinderte Mädchen
- Organisation von Ausflügen/Kooperationen mit Einrichtungen außerhalb der Behindertenhilfe (Öffnung nach außen), damit die Jugendlichen die Chance zum Erlangen einer „sexuellen Sprache" bekommen
- Zeiten außerhalb des Schulbesuchs schaffen, in denen die Jugendlichen sich selbst erleben können, eine Rückmeldung durch die Peergroup (sowohl die der behinderten als auch der der nicht behinderten) erhalten und somit die Chance bekommen, sich von den Sorgeberechtigten zu lösen
- Arbeit mit den Sorgeberechtigten zu den Themenfeldern Sexualität, Pubertät und Verhütung. Hier würden sich Elternabend und Fortbildungskurse sowie das Auslegen von Infobroschüren in den Einrichtungen anbieten. Auch die *konkrete Thematisierung* von Sexualität im Leitbild der Einrichtung gehört dazu
- Kontaktaufbau zu externen Beratungsstellen für Eltern, Betroffene und Angehörige wie Profamilie oder der AIDS-Hilfe. Dies ist notwendig, um Hürden und Ängste bei den Sorgeberechtigten abzubauen
- Hinterfragen der eigenen Einstellung zum Thema „Sexualität und Behinderung". Letztlich behindern sich nicht die Behinderten in ihrer Sexualität, sondern die Nichtbehinderten gestehen ihnen keine eigene Sexualität zu!

5.10 Sexuelle Entwicklung bei Jugendlichen mit geistiger Behinderung

Häufig haben Menschen mit Körperbehinderung auch geistige Behinderungen (vgl. Ortland, 2005b). Geistige Behinderungen verschließen noch stärker den Zugang zur Gesellschaft.

„Abweichungen im geistigen und psychischen Bereich werden deutlich ungünstiger bewertet als solche im körperlichen Bereich." (Cloerkes, 2001, 76) Dies liegt vor allem daran, dass Menschen – je nach Stärke der geistigen Beeinträchtigung – ihre

Behinderung kaum verstecken können. Gerade Menschen mit geringem IQ ist es nur schwer möglich, in Interaktion mit anderen zu treten.

Menschen mit geistiger Behinderung sehen sich vielerlei Vorurteilen in Bezug auf Sexualität ausgesetzt. Entweder sie werden als „oversexed" (der dauernd grabschende „Behindi") oder als „asexuell" (der liebenswert-kindliche „Behindi") wahrgenommen. Beide Wahrnehmungen lassen sich wissenschaftlich nicht halten. Menschen mit geistiger Behinderung haben ebenso sexuelle Wünsche, Triebe und Fantasien wie Menschen ohne geistige Behinderung (vgl. Schmetz/Stöppler, 2007).

Die **Wahrnehmungsverzerrung**, dass Menschen mit geistiger Behinderung „oversexed" seien, lässt sich auf die beeinträchtigte Fähigkeit zur verbalen Kommunikation zurückführen. Durch die eingeschränkte Verbalität rückt die körperliche Kommunikation bei geistig behinderten Menschen vermehrt in den Mittelpunkt. Problematisch in diesem Zusammenhang ist, dass die häufige Zurückweisung körperbetonter Kommunikation zur Verhinderung von „Lernprozessen auf der Basis taktiler Körperempfindungen" (Schmetz, 1998, 31) führt.

Grundsätzlich gibt es wenig wissenschaftlich gesicherte Daten zur Sexualität von geistig behinderten Menschen. Allerdings weiß man aus Beobachtungen, dass „[g]eistig behinderte Kinder und Jugendliche [...] in der Regel innerhalb der gender role- und der sex role-Ausprägung im Vergleich zu den nichtbehinderten einen Rückstand von mehreren Jahren haben, der sich entsprechend dem Schweregrad der Behinderung erheblich vergrößern kann" (Schmetz, 1998, 33).

Durch die Retardierung (Entwicklungsverzögerung) kommt es häufig vor, dass das Interesse an der Genitalerkundung, die im Kindergartenalter völlig normal ist, in die Schulzeit verlagert wird, wo sie als störend empfunden wird. Das bedeutet, dass diese Kinder häufig in der Schule durch „unangemessenen" Umgang mit ihren Genitalien und den Wunsch, die Genitalien der anderen Kinder zu erkunden, auffallen und negativ sanktioniert werden. Auch das häufig verspätete Schamgefühl führt dazu, dass die Umwelt die „Oversexed-Theorie" als stimmig ansieht.

Erschwerend kommt hinzu, dass die körperliche Entwicklung die geistige Entwicklung überholt und die Jugendlichen ihre körperlichen Veränderungen intellektuell nicht fassen können. Oder anders gesagt: Die körperlichen Veränderungen überfordern geistig behinderte Menschen häufig.

Die Pubertät führt zu innerpsychischen Spannungen, die die geistig behinderten Jugendlichen nur sehr schwer verkraften können. Gerade Aufklärung über die körperlichen Veränderungen ist bei diesen Jugendlichen dringend notwendig, da Menarche bzw. Ejakularche sonst als bedrohlich erlebt werden können. Durch diese Veränderungen wird den geistig behinderten Menschen bewusst, dass sie anders sind als andere (vgl. Stöppler/ Albeke, 2006). Dies führt in der Folge dazu, dass die Jugendlichen beginnen, „sich selbst sehr stark zu genieren und sich noch mehr in die sowieso schon sozialbedingte Isolation des Außenseiters zurückziehen"

(Walter, 1996, 168). Dieser Selbstrückzug ist häufig mit (Auto-)Aggressionen (Aggressionen gegen sich selbst) verbunden (vgl. Blinkle, 1999).

Leider ist Selbstbefriedigung für die wenigstens Jugendlichen mit geistiger Behinderung ohne fremde Hilfe möglich (vgl. Walter, 2005). Insgesamt muss immer noch festgestellt werden, dass gerade geistig behinderten Menschen kaum die Möglichkeit gegeben wird, eigenständig zu werden. Sie werden häufig von ihren Sorgeberechtigten, Pflegern und Heilerziehungspflegern überbehütet. Trotz zunehmender Offenheit der Bezugspersonen und des Fachpersonals „ist der Schritt von der eigenen Aufgeschlossenheit und Toleranz zur praktischen Umsetzung im Sinne des behinderten Menschen besonders schwer" (Seefeld, 1997, 436).

Wohneinrichtungen: Gerade in Heimen, die sich nicht intensiv mit dem Themenfeld Sexualität auseinandergesetzt haben, bestehen häufig Barrieren für die Jugendlichen. So sind restriktive Heimordnungen, eine negative Einstellung des Personals gegenüber Sexualität, Mehrbettzimmer und fehlende Intimsphäre keine guten Bedingungen, sich eine eigenständige Sexualität anzueignen (vgl. Wacker, 1999).

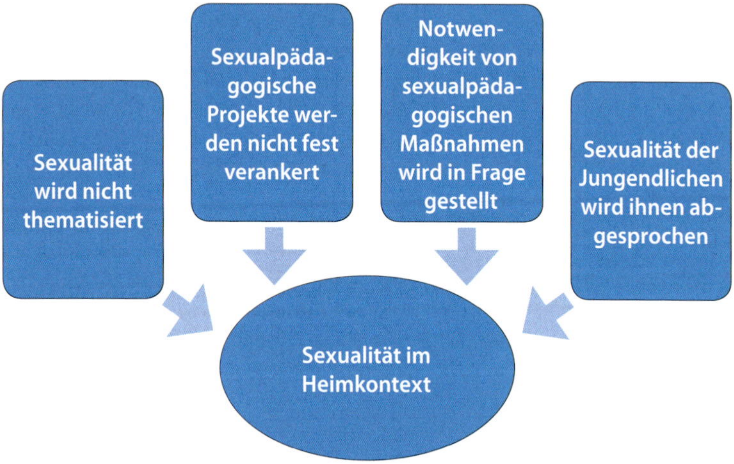

Abb. 1 Sexualität im Heimkontext

Anhand von Studien wurde festgestellt, dass in Heimen kaum fest verankerte sexualpädagogische Vorstellungen existieren und kaum entsprechende Maßnahmen durchgeführt werden. So wird Sexualität lediglich bei auftretenden Problemen thematisiert. Das Problem dabei ist, dass Sexualität so als eine Ausnahmeerscheinung dargestellt wird und damit zum „Spezialthema" verkommt. Dieser Umstand lässt sich in der Praxis häufig dadurch bestätigen, dass bei Nachfrage, weshalb keine sexualpädagogischen Angebote gemacht werden, Floskeln fallen wie: „Wir brauchen so was nicht, dass ist kein Thema hier im Haus" oder „Unsere haben kein Interesse an Sexualität bzw. würden das ja doch nicht verstehen, die haben ganz andere Sorgen" oder „So was machen wir hier erst gar nicht, damit wir keinen auf dumme Gedanken bringen". Die oben beschriebene Aussage resultiert wohl daraus, dass „die Betroffenen mitunter keine sexualpädagogischen Bedarfe erkennen lassen, [was] an der sexualvermeidenden Atmosphäre liegen könnte" (Fegert, 2006, 285).

Integrative Einrichtungen: Besonders positiv wirken sich integrative Einrichtungen auf das Sexualverhalten von geistig behinderten Jugendlichen aus. So konnten Jugendliche bei Befragungen häufiger Angaben zum Umgang mit Kondomen machen als jene, die nicht in integrative Einrichtungen gingen. Insgesamt konnte festgestellt werden, dass jene Sorgeberechtigten, die ihre Kinder in integrative Einrichtungen schickten, auch offener waren und ihren Kindern mehr freundschaftliche und sexuelle Beziehungen zugestanden, als die Eltern aus der Kontrollgruppe (vgl. Ritterberger, 2000).

Folgende Tabelle gibt nochmals eine Übersicht über verschiedene Theoretiker und deren Annahmen zur psychosexuellen Entwicklung des Menschen:

Alter	Psychosoziale Krisen nach Erikson	Psychosexuelle Entwicklung in Anlehnung an Freud	Ausdrucksformen kindlicher Sexualität	Kindliches Sexualwissen in Anlehnung an Volbert
1. Lebensjahr	Vertrauen versus Misstrauen; erste psychosomatische Eigenleistung: saugen, verdauen, schlafen, die erste psychische Leistung ist es, zu erkennen, dass die Mutter eine andere Person ist; durch die Art der Versorgung entsteht Unvertrauen oder Misstrauen	Orale Phase; die Welt mit dem Mund begreifen; Feuchtwerden der Vagina bei Mädchen; Erektion bei Jungen	Saugen an der Brust/Flasche; Berührung bewirkt Körpererfahrung, Nähe, Vertrauen, Wohlgefühl, besonders beim Nachtsein; ausgeprägter Tast-Fühl-Sinn der Haut; lustvolles Erleben durch Berührung der Geschlechts- und Sinnesorgane	Kind nimmt Berührungen, Körperkontakt, Nähe, Wärme, Geborgenheit, Zärtlichkeit wahr

Alter	Psychosoziale Krisen nach Erikson	Psychosexuelle Entwicklung in Anlehnung an Freud	Ausdrucksformen kindlicher Sexualität	Kindliches Sexualwissen in Anlehnung an Volbert
2. Lebensjahr	Autonomie vs. Scham, Zweifel; Entstehung von ersten „Machtkämpfen"; das Kind entdeckt die Macht über seinen Körper verbunden mit dem Zweifel, ob es in Ordnung ist, sich gegen die Eltern zu wehren; Gefühle von Scham entstehen	Anale Phase; Beherrschung des Schließmuskels; Beginn der Sauberkeitserziehung; bei Mädchen kann ein „Penisneid" entstehen	Genitalien erforschen; die Afterzone wird als Quelle der Lust entdeckt (bewusst Loslassen und Festhalten des Stuhlgangs); Selbstbefriedigung; Erlernen der Prinzipien männlich – weiblich; Interesse an den Genitalien anderer, auch der Erwachsenen	Kind stellt Fragen zu Geschlechtsunterschieden; Geschlechtszuordnungen werden richtig vorgenommen, ohne dass diese begründet werden können; Kind kennt Begriffe für die Geschlechtsorgane
3. Lebensjahr	Autonomie vs. Scham, Zweifel; Größenwahn-Fantasien; geschlechtsspezifische Unterschiede werden im Spiel deutlicher; sexuelle Neugier als Wettkampf	Anale Phase; Erkennen und Festigen der Geschlechtsidentität; Stolz auf Eigenleistung (Kot und Urin); Sauberkeitserziehung; Trotzphase; Einsetzen des Schamgefühls; Wunsch, den Vater oder die Mutter zu heiraten, verbunden mit Eifersucht (ödipale Phase)	Schau- und Zeigelust; „bewusste" Selbstbefriedigung mit Orgasmusfähigkeit; Warum-Fragen; Neugier-Verhalten und Ausprobieren; Interesse an Sprachen und Büchern; Verfestigung der Geschlechterrolle; Vater-Mutter-Kind-Spiele	Geschlechtszuordnungen werden mit äußeren Merkmalen begründet

Alter	Psychosoziale Krisen nach Erikson	Psychosexuelle Entwicklung in Anlehnung an Freud	Ausdrucksformen kindlicher Sexualität	Kindliches Sexualwissen in Anlehnung an Volbert
4. Lebensjahr	Initiative vs. Schuldgefühl; das Kind beherrscht seinen Körper und kann ihn kontrollieren; es entsteht ein Drang, die Welt zu erobern; das Kind entdeckt den Geschlechtsunterschied	Phallisch-genitale Phase; Wissbegier; ödipale Phase s.o.	Schau- und Zeigelust; sexuelle Neugier im Forschen (Doktorspiele), im Ausprobieren (Geschlechtsverkehr spielen), im Wissen (Warum-Fragen); Wunsch, den gegengeschlechtlichen Elternteil zu heiraten	Kind stellt Fragen zu Schwangerschaft und Geburt; Kind hat vages Wissen über intrauterines Wachstum und den Geburtsweg
5. Lebensjahr	Initiative vs. Schuldgefühl	Phallisch-genitale Phase; Wissbegier; ödipale Phase s.o.; Bewusstsein über Geschlechtsidentität; verstärkte Identitätsentwicklung; Beginn des „ersten Ablösungsprozesses"; stark ausgeprägtes Schamgefühl	Ausprobieren; natürliches Neugierverhalten, z.B. Doktorspiele, Rollen ausprobieren, den eigenen Körper und den anderen erforschen; Entstehung inniger Freundschaften, die mit Liebesgefühlen und dem Bedürfnis nach Wärme und Geborgenheit verbunden sein können	Geschlechtszuordnungen wenden (in Abhängigkeit vom Stimulationsmaterial) mit genitalen Unterschieden begründet; Kind hat Kenntnis über den Geburtsweg via Vagina oder via Section

Alter	Psycho-soziale Krisen nach Erikson	Psycho-sexuelle Entwicklung in Anlehnung an Freud	Ausdrucks-formen kindlicher Sexualität	Kindliches Sexualwissen in Anlehnung an Volbert
6. Lebens-jahr	Werksinn/ Leistung vs. Minderwertigkeitsgefühl; die spielerische Phase des Erkundens der Welt wird beendet; der „Ernst des Lebens" (Schulzeit) beginnt; Erlernen von Kulturtechniken; Abnabelung von der Familie	Latenzzeit; Kind erkennt Regeln und Grenzen; weiterhin Interesse an Körperlichkeit; Verfestigung der Geschlechtsidentität, meist verknüpft mit der Ablehnung des anderen Geschlechts; Wechsel der Freundschaften	Provokation, besonders verbal durch sexualisierte Sprache, Ausprobieren von Rollen und Extremen (z.B. Kleidung, Verkleiden)	Weiterführende Fragen zur Geburt, aber auch zu Empfängnis und Zeugung und über sexuelle Verhaltensweisen der Erwachsenen

(Quelle: Begleitordner zu „Entdecken, schauen, fühlen", 2003, 21)

MERKE Zusammenfassend kann festgehalten werden, dass die sexuelle Entwicklung bei Menschen mit Behinderung und ohne Behinderung, was die körperlichen Veränderungen anbelangt, **nahezu gleich verläuft.** Ausnahmen stellen dabei Menschen mit geistiger Behinderung dar, deren Entwicklung entwicklungsverzögert (retardiert) sein kann.

Insgesamt erleben es viele Körperbehinderte als belastend, dass sie seltener die Chance haben, mit Menschen ohne Behinderung in Kontakt zu kommen. Dieser Umstand verwehrt ihnen die Chance, eine „sexuelle Sprache" zu erlernen. Besonders die Mädchen leiden unter überhöhten Schönheitsidealen unserer Gesellschaft.

MODUL 6: GIB AIDS KEINE CHANCE – SCHÜTZ DICH

6

2008 rüttelten provokante Spots der Bundeszentrale für gesundheitliche Aufklärung (BZgA) die Zuschauer auf. Im Rahmen der Kampagne „Vergiss AIDS nicht" beginnen fünf Prominente – Katharina Saalfrank, Markus Kavka, Nova Meierhenrich, Herbert Knaup und Pascal Hens – den Werbespot mit dem Satz „Ich habe AIDS". Dieser Satz löst bei den meisten Menschen immer noch große Bestürzung aus. AIDS ist trotz intensiver Forschung bis in die Gegenwart **nicht heilbar**. Mittlerweile können die Betroffenen zwar Medikamente nehmen, die Nebenwirkungen dieser Medikamente sind dennoch enorm.

6.1 Geschlechtskrankheiten

Am Beispiel AIDS kann verdeutlicht werden, dass Sexualität und Krankheit ebenso zusammengehören wie Sexualität und Spaß oder Sexualität und Freude. AIDS steht für Acquired Immune Deficiency Syndrome = erworbener Immundefekt. Begonnen hat alles in den 1980er-Jahren, als plötzlich in den USA viele homosexuelle Männer mit verschiedenen Erkrankungen zu kämpfen hatten, die zuvor unproblematisch gewesen waren. Die Krankenzahlen stiegen rasant an und schon bald gingen Presseberichte um die Welt, die der Krankheit ihren vorläufigen Namen gaben: GRIND (Gay Related Immuno Deficiency = auf schwulen Lebensstil bezogener Immundefekt). Erst später wurde klar, dass die Ansteckung mit AIDS ungeachtet der sexuellen Identität erfolgen kann. Schließlich wurde GRIND in AIDS umbenannt (vgl. Hartl, 2003). In Deutschland führte AIDS zu politischen Kontroversen zwischen der damaligen Gesundheitsministerin Rita Süssmuth und CSU-Hardlinern wie Peter Gauweiler. Die Konservativen forderten eine Meldepflicht und wollten alle HIV-Infizierten in abgesonderte Gebiete abschieben. Gauweiler sprach sich auch dafür aus, alle schwulen Lokalitäten schließen zu lassen, da diese die Ausbreitung von AIDS fördern würden. Letztlich setzte sich Süssmuth mit ihrer Aufklärungskampagne durch. Dank intensiver Aufklärungsmaßnahmen durch die BZgA gingen die Neuinfektionen rasch zurück. Anhand dieses historischen Beispiels wird deutlich, dass HIV/AIDS keine „normale" Krankheit ist, sondern immer auch mit gesellschaftlichen Ausgrenzungsprozessen einhergeht. Trotz aller Aufklärungsbemühungen ist und bleibt AIDS eine „besondere Krankheit", die trotz guter Behandlungsmöglichkeiten zur sozialen Isolation führen kann.

Neben dem Wissen um die verschiedenen Geschlechtskrankheiten bedarf es auch eines differenzierten Wissens um verschiedene Verhütungsmethoden. Heilerziehungspflegerische Fachkräfte müssen über diese verschiedenartigen Methoden Bescheid wissen, um ihre Klienten/Klientinnen angemessen beraten zu können.

6.2 Verhütungsmethoden

Bereits Menschen früher Hochkulturen wie die Ägypter und die antiken Griechen ließen sich verschiedene Methoden der Verhütung einfallen.

Historie der Verhütung

Nach Überlieferung des „Papyrus Kahun" sollte sich Krokodildung gut als Verhütungsmittel eignen: Der zerstoßene Kot wurde in gegorenen Pflanzenschleim getaucht und in die Vagina eingeführt. Neuere Forschungen zeigen, dass Krokodilkot die Beweglichkeit der Spermien blockiert. Hingegen wirkten die ersten Versuche der antiken Griechinnen eher stümperhaft: Diese sprangen nach dem Geschlechtsakt von Stühlen oder Bettkanten, um das Sperma aus der Gebärmutter herauszubekommen. Außerdem wurde häufig der Coitus interruptus (Herausziehen des Penis vor dem Samenerguss) praktiziert. Das Tragen von magischen Amuletten fand ebenfalls großen Anklang. Alle Varianten waren sehr unzuverlässig.

Erfolgreicher hingegen stellte sich der Einsatz von Schwämmchen dar, die in Olivenöl, Honig, Essig, Salzlake, Alaun oder diverse Harze getunkt wurden und tatsächlich Spermien das Eindringen in die Gebärmutter erschwerten (vgl. Museum für Verhütung und Schwangerschaftsabbruch, 2013).

Das bis in die Gegenwart hinein einzige Verhütungsmittel, das sowohl eine Schwangerschaft als auch eine Geschlechtskrankheit verhindern kann, ist das Kondom. Die Geschichte des Kondoms ist auch eine Geschichte technischer Entwicklung:

- 1200 v. u. Z. Mios, der König von Kreta, verwendet Ziegenblasen als Kondome.
- 1562 Der italienische Arzt Gabriele Fallopio verwendet beim Geschlechtsakt in Flüssigkeit getränkte Leinensäcke.
- 1655 Der englische Hofarzt bei Charles II, Dr. Condom, empfiehlt Hammeldärme zur Verhütung und wird daraufhin zum Ritter geschlagen. Wahrscheinlich verdankt das Kondom ihm seinen Namen.
- 1671 Madame de Sévigné beklagte sich in einem Brief an ihre Tochter, die Gummihaut sei ein „Bollwerk gegen das Vergnügen, aber ein Spinnweb gegen die Gefahr".
- 1750 Casanova benutzte im 18. Jahrhundert Luxus-Kondome, die handgefertigt wurden und innen mit Samt gefüttert waren. Diese Kondome wurden mehrfach verwandt.
- 1839 bereits wird erstmals „Kautschuk" zur Kondomherstellung durch den Amerikaner Charles Goodyear verwandt.

- 1855 Goodyear stellt das erste Gummi-Kondom her. Es hat noch eine Längsnaht und eine Wandstärke von 12 mm (heute: 0,06 mm).
- 1901 Julius Fromm erfindet die Kondomherstellung mit Glaskolben. Diese wurden fortan in Latexlösung getaucht, somit entfiel die Längsnaht und das Kondom wurde dünner.
- 1919 fertigte Fromm Kondome maschinell an.
- 1951 Einführung des elektrischen Prüfverfahrens
- 1959 Verkauf und Bewerbung von Kondomen werden gemäß Gewerbeordnung § 41a verboten.
- 1960 Feuchtigkeitsbeschichtete Kondome werden das erste Mal hergestellt.
- 1968 Die ersten Kondome mit Spermiziden kommen auf den Markt.
- 1988 Studenten eröffnen den ersten Condomi-Shop in Deutschland (vgl. condomi, 2013).

Heutige Verhütungsmethoden

Heutige Verhütungsmittel lassen sich in folgende vier Gruppen unterteilen:

- hormonelle Verhütungsmethoden
- Barrieremethoden
- natürliche Familienplanung (NFP)
- operative Verhütungsmethoden
- chemische Verhütungsmittel (vgl. Nagle, 2013)

Die Sicherheit von Verhütungsmitteln wird mittels *Pearl-Index* angegeben (benannt nach dem amerikanischen Wissenschaftler Raymond Pearl). Je kleiner der Pearl-Index, desto sicherer die Verhütungsmethode. Wenden 100 Frauen ein Jahr lang das gleiche Verhütungsmittel an und treten in diesem Zeitraum drei Schwangerschaften auf, so beträgt der Pearl-Index 3. Ein Pearl Index von 0,1 besagt, dass eine von 1000 Frauen, die ein Jahr lang das gleiche Verhütungsmittel anwenden, schwanger wird (vgl. Pro Familia, 2013).

Hormonelle Verhütungsmethoden: Hormonelle Verhütungsmethoden verhindern mithilfe von Hormonen eine ungewollte Schwangerschaft. Dabei ist die Palette hormoneller Verhütungsmethoden mittlerweile stark ausdifferenziert. Die Präparate unterscheiden sich dabei in ihrer Wirkweise und wirken aufgrund von:

- Verhinderung des Eisprungs,
- Veränderung des Schleims des Gebärmutterhalses, das erschwert den Spermien den Weg zur Eizelle,
- erschwertem Transport der Eizelle im Eilleiter.

Folgende Präparate sind zurzeit auf dem Markt erhältlich:

Barrieremethoden: Unter dem Überbegriff „Barrieremethoden" werden Verhütungsmethoden zusammengefasst, die eine Barriere zwischen der Eizelle und den Spermien aufbauen und so eine Schwangerschaft verhindern.

Natürliche Familienplanung (NFP): Wer ohne Hormone oder Chemie verhüten möchte und auf Kondome & Co. verzichten will, kann auf Methoden der natürlichen Familienplanung (NFP) zurückgreifen. Hier ist allerdings mit großer Vorsicht vorzugehen, da diese Methoden mitunter sehr unsicher sind.

Operative Verhütungsmethoden: Für Menschen, die entweder ihre Familienplanung abgeschlossen haben oder die keinen Nachwuchs mehr bekommen wollen, sind operative Verhütungsmethoden eine Alternative. Allerdings muss darauf hingewiesen werden, dass eine Sterilisation der Frau ein unumkehrbarer Eingriff ist. Bei Männern gibt es unter bestimmten Umständen Möglichkeiten, den Eingriff wieder rückgängig zu machen.

Chemische Verhütungsmittel: Spermizide werden auch als „chemische Verhütungsmittel" bezeichnet. Dabei führen Frauen bestimmte Wirkstoffe in Form von z. B. Salben, Zäpfchen oder Schaum in die Scheide ein. Diese Wirkstoffe töten Spermien ab, allerdings müssen Spermizide in Kombination mit anderen Verhütungsmethoden benutzt werden.

Verhütungsmittel im Kontext von Behinderung

Verhütungsmittel müssen zum Menschen passen - nicht jedes Verhütungsmittel ist für jeden Menschen geeignet. Gerade bei Personen mit Einschränkungen ist es wichtig, auf die Wahl der Verhütungsmittel zu achten. Dabei ist es von grundsätzlicher Bedeutung, dass die Klienten/Klientinnen ein Anrecht auf Beratung haben. Eine Zwangssterilisation, wie sie in der Vergangenheit vor allem bei Menschen mit geistiger Behinderung vorgenommen wurde, ist rechtlich nicht mehr zulässig und darüber hinaus auch ethisch zutiefst problematisch. Dennoch sollten bei bestimmten Einschränkungen einige Dinge berücksichtigt werden. Behinderungen sind zu vielfältig, als dass für jegliche Erscheinungsform eine direkte Intervention ausdifferenziert werden könnte. Dennoch werden hier Verhütungsarten vorgestellt, die sich erfahrungsgemäß gut an die jeweiligen Behinderungsformen anpassen.

Verhütung bei Epilepsie: Viele Frauen mit Epilepsie verwenden Medikamente gegen ihre Anfälle. Diese Medikamente können aber Auswirkungen auf hormonelle Verhütungsmittel haben. Dies hängt mit Abbauprozessen in der Leber zusammen, die durch diese Medikamente beschleunigt werden (Enzyminduktion).

Folgende Medikamente *vermindern* die Sicherheit hormoneller Verhütungsmittel:

- Phenytoin (Phenhydan Epanutin®)
- Carbamazepin (Timonil®, Tegretol®, Carsol CR®, Neurotop ret. ®)
- Phenobarbital (Luminal®)
- Primidon (Mysoline®)
- Oxcarbazepin (Trileptal®)
- Topiramat (Topamax®) über 200 mg/d
- Ethosuximid (Pethinimid®)

Allerdings sind auch Medikamente auf dem Markt, die problemlos angewandt werden können:

- Clobazam (Urbanyl®)
- Clonazepam (Rivotril®)
- Gabapetin (Neurontin®, Gabantin®)
- Valporoat (Orfiril®, Convulex®, Depakine®)
- Lamotrigin (Lamictal®)
- Levetiracetam (Keppra®)
- Vigabatrin (Sabril®)
- Topiramat (Topamax®) unter 200mg/d

Ein **Kinderwunsch** von Frauen mit Epilepsie sollte dringend mit einem Neurologen abgeklärt werden, damit dieser die Medikation möglichst optimal einstellen kann, da Anfälle sowohl für das Kind als auch für die Mutter gefährlich sein können. Außerdem muss abgeklärt werden, welche Medikamente für das Kind günstig sind, da einige Antiepileptika eine erhöhte Gefahr bergen, Fehlbildungen beim Kind hervorzurufen. Auf keinen Fall sollten Medikamente ohne Rücksprache mit dem medizinischen Fachpersonal abgesetzt werden. Neuste Untersuchungen zeigen, dass die frühzeitige Einnahme von Folsäure bereits vor Beginn der Schwangerschaft die Gefahr der kindlichen Fehlbildung deutlich verringern kann. Die tägliche Dosis sollte dabei ca. 0,4–1 mg Folsäure pro Tag betragen (vgl. Draths, 2012).

Verhütung für Menschen im Rollstuhl: Menschen, die auf einen Rollstuhl angewiesen sind, haben verschiedene Möglichkeiten zu verhüten. Das **Kondom** stellt eine Möglichkeit dar. Wichtig ist dabei, darauf zu achten, dass einige Menschen, die im Rollstuhl sitzen, auch Einschränkungen in den Händen haben. Deshalb ist es notwendig, Kondome zu kaufen, die sich leicht öffnen lassen. Mittlerweile gibt es Kondome in Rundverpackung, die etwas leichter zu öffnen sind. Außerdem sollte darauf geachtet werden, welche Kondome gekauft werden. Manche Menschen haben eine Latexallergie. Dies stellt mittlerweile kein Problem mehr dar, da es latexfreie Kondome auch in Drogerien zu kaufen gibt.

MERKE

Worauf muss ich bei Kauf und Aufbewahrung von Kondomen achten?

- Kaufen Sie Markenkondome (Kosten ca. 0,50–1 € pro Stück; latexfreie ca. 1,20 €).
- Achten Sie auf das EC-Prüfzeichen mit Kennnummer.
- Achten Sie auf das Verfallsdatum.
- Drücktest: Um zu testen, ob das Kondom ordnungsgemäß verpackt wurde, drücken Sie mit Zeigefinger und Daumen auf die Verpackungsmitte. Wenn sie einen Widerstand (Luftkissen) spüren, ist das Kondom ordnungsgemäß verpackt.
- Kondome nicht in der Brieftasche aufbewahren oder in die Sonne legen.
- Kondome nur einmal verwenden.
- Kondome nicht in der Toilette entsorgen.
- Kondome müssen gut passen. Hier besteht die Möglichkeit, die richtige Größe zu ermitteln: www.machsmit.de/kondom/das_passende.php

Eine andere Alternative stellen die **hormonellen Verhütungsmittel** dar. Diese Gruppe untergliedert sich in zwei Typen:

Typ a: kombinierte Hormone
Typ b: Hormone mit Gelbkörperhormonen

Zum Typ a gehören die Pille und das Verhütungspflaster. Diese geben Hormone in den Körper ab (Östrogen und Gelbkörperhormon). Die Abgabe von Östrogenen hat Vor- und Nachteile. Es besteht für Rollstuhlfahrerinnen, die ihre Beine kaum bewegen können, die Gefahr einer Thrombose (Gerinnsel im Bein) oder Lungenembolie (Verstopfung eines Lungengefäßes). Der Vorteil dieser Methoden besteht allerdings darin, dass die Monatsblutung und mögliche Schmerzen weniger werden.

Zum Typ b gehören: östrogenfreie Pille, Verhütungsstäbchen (Implanon), Drei-Monatsspritze. Bei diesen Methoden besteht wenig Gefahr, Thrombose zu bekommen. Allerdings muss auch darauf hingewiesen werden, dass die Drei-Monatsspritze die Gefahr für Osteoporose (Knochenmarksschwund) erhöht.

Neben den hormonellen Methoden existiert auch noch die **Spirale**. Es gibt zwei Formen der Spirale: Kupferspirale und Hormonspirale.

Die **Kupferspirale** verzichtet auf jegliche Hormone, führt aber auch zu einer verstärkten Monatsblutung und ggf. damit einhergehenden Regelschmerzen. Früher wurden Kupferspiralen ausschließlich älteren Frauen empfohlen, da jungen Frauen ein erhöhtes Infektionsrisiko zugesprochen wurde. Mittlerweile ist bekannt, dass die erhöhte Infektionsgefahr nicht mit dem Alter, sondern mit dem Sexualverhalten zusammenhängt. Nach gründlicher Aufklärung kann die Kupferspirale auch jungen Mädchen eingesetzt werden.

Die **Hormonspirale** wird direkt vom Frauenarzt in die Gebärmutter eingesetzt und gibt vor Ort das Gelbkörperhormon ab. Diese Spirale kann dort fünf Jahre verbleiben.

Des Weiteren besteht die Möglichkeit, natürliche Verhütungsmethoden anzuwenden. Von diesen ist allerdings grundsätzlich Abstand zu nehmen (gerade bei jüngeren Mädchen und Frauen), da diese unsicher sind und die Periode bei jungen Mädchen oft noch unregelmäßig auftritt.

6.3 Aber wie darüber reden?

Klar ist, dass Menschen mit Behinderung ein Anrecht darauf haben, über Verhütungsmethoden informiert zu werden. Häufig besteht jedoch Verunsicherung bei den heilpädagogischen Fachkräften, wie dies geschehen soll. Besonders bei Menschen mit geistiger Behinderung erscheint es oft schwer, über ein so komplexes Thema wie Verhütung und Sexualität zu sprechen.

Freiwilligkeit: Grundsätzlich gilt, dass sexualpädagogische Angebote immer auf Freiwilligkeit der Klienten/Klientinnen basieren, niemandem darf Sexualpädagogik aufgezwungen werden. Daraus folgt, dass Angebote das Interesse und die Bedürfnisse der Klienten/Klientinnen treffen sollten. Folgende sechs Punkte sollten immer berücksichtigt werden:

- **Partnerschaftliche Beziehung**
  Die Anerkennung der Klienten/Klientinnen als gleichwertige Partner im heilpädagogischen Setting sollte Grundhaltung selbstverständlich sein. Dies beinhaltet ihr Recht, auch Mitspracherecht über Ort, Zeit, Umfang und Themen zu haben.

- **Lernen durch Handeln – erfahrungsorientiertes Lernen**
  Durch den Einsatz von praktischen Übungen wie bspw. Rollenspielen kann an die Lebenswelt der Klienten/Klientinnen angeknüpft werden.

- **Lebenssituation als Lernsituation**
  Kursangebote sollten sich möglichst immer an der konkret vorliegenden Lebenssituation der Klienten/Klientinnen orientieren.

- **Zeitstruktur und Kontinuität**
  Zeitliche Kontinuität bedeutet, dass den Klienten/Klientinnen die Zeit gegeben wird, die sie benötigen, um das Thema in Umfang und Tiefe zu begreifen. Das beinhaltet auch Zeit zum gegenseitigen Austausch und zur Reflexion der Thematiken.

- **Gemeinschaftlichkeit und Individualisierung**
  Individualisierung bedeutet, dass die Klienten/Klientinnen die Chance erhalten, ihren eigenen Zugang zu den jeweiligen Themen zu finden und dabei zu erkennen, dass es Unterschiede zwischen den Individuen gibt, die anerkannt und respektiert werden sollten.

- **Kompetenzverschiebung – Verselbständigung**
  Alle sexualpädagogischen Impulse sollten immer mit der Absicht geschehen, die Klienten/Klientinnen zur eigenständigen Lebensgestaltung zu ermutigen. (vgl. Bundesvereinigung Lebenshilfe 2005)

Zeitliche, räumliche und personelle Bedingungen und Werbung: Neben diesen allgemeinen Hinweisen sollten im Vorfeld von Angeboten auch zeitliche, räumliche, personelle und Fragen nach Materialien geklärt werden. Eine breiter angelegte Veranstaltungsreihe bspw. in Kooperation mit Volkshochschulen (VHS) würde sich auch im Zusammenhang mit der Sozialraumorientierung anbieten. Zudem wären Angebote über Wochenenden oder eine ganze Woche wünschenswert, sodass die Klienten/Klientinnen auch aus anderen Einrichtungen anreisen könnten und durch Übernachtungsmöglichkeiten die Chance hätten, neue Kontakte zu anderen Betroffenen zu finden.

Bei Angeboten im Rahmen einer Einrichtung hat es sich als sinnvoll erwiesen, externe Räumlichkeiten aufzusuchen. Gerade ein Ortswechsel kann dazu führen, dass sich die Klienten/Klientinnen anders als sonst auf Übungen einlassen.

Leitungen und Kooperation: Außerdem ist zu überlegen, wie die Leitung einer Einheit zusammengesetzt wird (Männer und Frauen, ggf. nur Frauen oder Männer; Mitarbeiter/-innen der eigenen Einrichtungen oder externe Anbieter).

Sollten die Angebote größer angelegt sein, dann sollte das Angebot auch breit beworben werden. Dabei ist darauf zu achten, dass Plakate/Flyer mit Zeichnungen illustriert und in einfacher Sprache gehalten sind, sodass sie von Menschen mit geistiger Behinderung verstanden werden. Die Erfahrung zeigt, dass zu stark auf Sexualität abzielende Bewerbung eher Abwehr bei den Betroffenen hervorruft, deshalb sollte das Sexuelle umschrieben werden. So könnten Angebote zum Thema Körper bspw. wie folgt benannt werden: „Kennst du dich/Kennst du deinen Körper?“ oder „Mein Männerkörper/Mein Frauenkörper“.

Des Weiteren ist es sehr wichtig, dass mögliche Einrichtungen, die am Angebot partizipieren sollen, von den Angebotsleitern besucht werden, sodass ein erster Kontakt mit möglichen Teilnehmern aufgebaut werden kann.

Methodische Planungen: Es gilt immer, dass innerhalb von heilpädagogischen Settings eine gute **Vertrauensbasis** geschaffen werden muss, damit die Teilnehmer/-innen sich trauen, Fragen zu stellen und Unsicherheiten zuzugeben. Diese Basis kann nur über eine authentische Leitung erfolgen, die die Teilnehmer/-innen ebenbürtig anerkennt. Darüber hinaus gilt es, allgemeine methodisch-didaktische Planungselemente zu berücksichtigen:

- **Konkret/anschaulich vermitteln:**
  Da Teilnehmer/-innen mit geistiger Behinderung Probleme mit Abstraktionen haben, sollte immer Material ausgesucht werden, das konkret fassbar ist. Hier helfen Bilder und anatomisch korrekte Puppen.

- **Differenziert-klare Lernschritte:**
  Gerade bei der Arbeit zum Thema Körper bedarf es einiger Zeit, damit die Teilnehmer/-innen jedes Körperteil und seine Funktion wirklich be-greifen können.

- **Individualisieren**
  Grundsätzlich gibt es im sexuellen Bereich kein „richtig“ bzw. „falsch“, es geht eher um Grenzfragen, die differenziert gestellt und beantwortet werden sollten (Was mag ich? Was mag ich nicht? Wo will ich berührt werden?).

- **Partizipation**
  Die Teilnehmer/-innen haben das Recht auf Mitbestimmung in Bezug auf die Themenwahl, Rhythmisierung und Fragestellungen der Themeneinheiten.

- **Rhythmisierung**
  Gerade intime Übungen wie Körperübungen bedürfen der Zeit und Geduld aller Teilnehmer/-innen. Dies gilt es bei der Zeitplanung angemessen zu berücksichtigen.

- **Bildergeschichten**
  Bildergeschichten können aus Fotos, Zeichnungen oder Comicstrips bestehen. Da weitestgehend auf Text verzichtet wird, haben die Teilnehmer/-innen die Möglichkeit, mithilfe der Bilder eigene Geschichten entstehen zu lassen und so auch eigene Fragestellungen zu entwickeln.

- **Rollenspiele**
  Rollenspiele eignen sich gerade im Hinblick auf problematische Alltagssituationen. Die Teilnehmer/-innen haben die Chance, durch gespielte Rollen neue/andere Lösungsstrategien zu entwickeln und diese später auf ihre persönliche Situation zu übertragen. Außerdem können im Rollenspiel spontane Konflikte entstehen und spielerisch gelöst werden, sofern nicht allzu starre Vorgaben gemacht werden.

- **Produktorientiertes Erarbeiten**
  Wenn innerhalb der Veranstaltung Produkte wie bspw. Collagen entstehen, so fördert das in aller Regel die Motivation der Teilnehmer/-innen, da das Lernergebnis begreifbar wird. Nicht zuletzt die Möglichkeit, anderen Teilnehmern/Teilnehmerinnen die erarbeiteten Ergebnisse vorzustellen, erhöht die Freude am Tun.

- **Visualisierung**
  Erarbeitete Themen sollten mithilfe von Bildern und Symbolen schriftlich festgehalten werden.

- **Abwechslungsreichtum**
  Einheiten sollten abwechslungsreich gestaltet sein (Rollenspiele, Collagen, Gesprächskreise, Körperübungen, Entspannungsübungen, Vorträge), damit die Aufmerksamkeitskurve der Teilnehmer/-innen aufrechterhalten bleibt.

- **Kursabschluss**
  Zum Ende einer Einheit bedarf es einer Evaluation der Einheit.

TIPP

Hilfestellungen im Internet

Hilfe für Menschen mit geistiger Behinderung zum Thema Verhütung: www.lebenshilfe.de/de/leichte-sprache/liebe/verhueten/index.php
„Verhütung in leichter Sprache" kann hier bezogen werden: www.lebenshilfe.de/de/leichte-sprache/buecher/Liebe/verhuetung_buch.php?listLink=1
www.gib-aids-keine-chance.de/wissen/sti.php

Filme

„Liebe und so Sachen" kann hier bezogen werden: www.profamilia.de/angebote-vor-ort/bayern/aschaffenburg/film-liebe-und-so-sachen.html
„Sex, Lust, Liebe" ist über Pro Familia zu beziehen

Spiele

„Durch den Dschungel der Verhütung und Sexualität" kann hier entliehen werden: www.profamilia-ludwigsburg.de/content/verleih-von-sexualp%C3%A4dagogischen-materialien

Bücher

Bundesvereinigung Lebenshilfe (Hrsg.): Sexualpädagogische Materialien für die Arbeit mit geistig behinderten Menschen. Weinheim: Juventa, 2005

MODUL 7: HILF MIR, ES SELBST ZU TUN – SEXUALASSISTENZ

7

Menschen mit erhöhtem Assistenzbedarf haben diesen nicht nur beim Waschen, Kochen oder Bügeln, sondern auch und gerade im sexuellen Bereich. Dabei umfasst die Assistenz verschiedenste Bereiche. Welche Bereiche dies sind und welche Formen der Sexualassistenz geleistet werden können, wird in diesem Modul thematisiert.

7.1 Sexualassistenz – eine Begriffsannäherung

Die Sexualassistenz ist in ihren Erscheinungsformen vielfältig, dennoch lassen sich zwei grundlegende Assistenzformen voneinander unterscheiden:

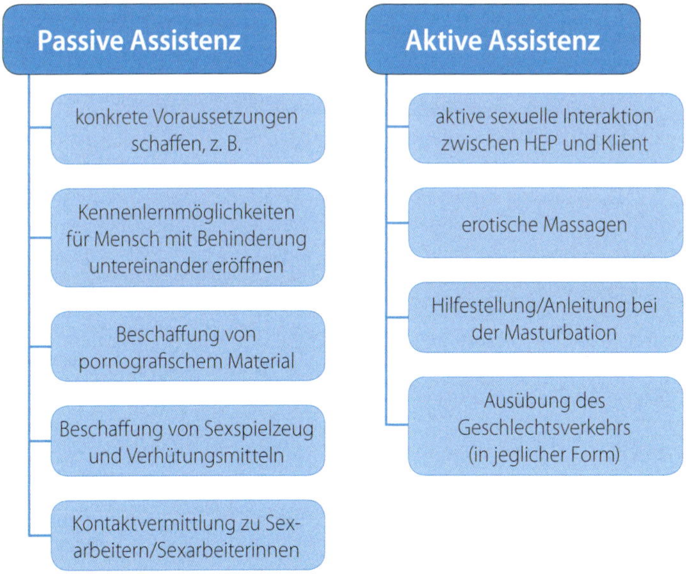

Abb. 1 Assistenzformen

7.2 Bedingungen für passive Sexualassistenz

Gerade für Heilerziehungspfleger/-innen ist es wichtig, sich über eigene Möglichkeiten und Grenzen in Bezug auf passive Sexualassistenz klar zu werden. Außer der persönlichen Auseinandersetzung mit dem Thema bedarf es auch einer **konzeptionellen Verankerung** der passiven Sexualassistenz innerhalb der Einrichtungen. In diesen schriftlichen Konzeptionen sollte der Frage nachgegangen werden, welche Formen der passiven Sexualassistenz die pädagogischen Fachkräfte umsetzen sollten. Damit diese Sollens-Vorstellungen realisierbar werden, sind einige Punkte gemeinsam im Team zu erarbeiten:

- Reflexion der eigenen sexuellen Biografie
- Reflexion der eigenen Wertevorstellungen in Bezug auf Sexualität mit und ohne Behinderung
- Übungen zur Sprachfähigkeit (das isp-Dortmund bietet dazu Inhouse-Veranstaltungen an)
- Bewusstmachen eigener Grenzen in der Begleitung (z. B.: In ein Bordell begleite ich keinen Klienten)
- Bewusstmachen der assistierenden Haltung gegenüber den Klienten

Gerade im Zusammenhang mit Sexualassistenz ist es unbedingte Bedingung, sich darüber klar zu werden, dass Assistenz im Sinne der Klienten/Klientinnen erfüllt wird. Dies beinhaltet ggf. auch, dass Sexualassistenz nicht öffentlich in der gesamten Gruppe geleistet wird, sondern individuell mit Paaren oder Einzelnen, die ein Bedürfnis nach Assistenz in diesem Bereich haben. Es hat sich als sinnvoll erwiesen, mit **externen Institutionen** wie bspw. der Pro Familia zu **kooperieren**.

7.3 Bedingungen für aktive Sexualassistenz

Im Gegensatz zur *passiven* Sexualassistenz ist die *aktive* Sexualassistenz eine bezahlte Dienstleistung, bei der eine Sexualassistentin oder ein Sexualassistent von außen in die Einrichtung kommt. Die Sexualassistenten werden häufig mit dem Vorwurf der Prostitution konfrontiert. Bezahlten sexuellen Dienstleistungen hängt immer noch ein negatives Image an. Hierbei muss deutlich unterschieden werden, dass aus dem Selbstverständnis der Sexualassistenten Sexualität ein ganzheitliches Erlebnis bedeutet und Körper, Seele und Geist umfasst. Sexualassistenten reflektieren ihre Arbeit professionell und machen sich ihre Aufgabe klar. Sandra Arich, die den Kontaktservice Sensis in Wiesbaden ins Leben gerufen hat, definiert einige **Merkmale** für gute Sexualassistenz:

- Vorinformation der Mitarbeiter/-innen und Erstgespräch mit der Klientin/dem Klienten
- Schutz vor Geschlechtskrankheiten: Es werden auch für Handverkehr Kondome verwandt.

- Nachweis über verschiedener Impfungen der Sexualassistenten (Hepatitis A und B); regelmäßige HIV-Tests
- Vorbeugung einer Fimosebildung (Vorhautverengung) durch zu heftige Masturbation
- Vertragsgestaltung mit klarer Vereinbarung des Gehalts (vgl. Arich, 2004)

Mittlerweile existieren in Deutschland Angebote zur Ausbildung bzw. Vernetzung von Sexualassistenten, bspw. das Institut für Selbst-Bestimmung Behinderter (ISBB).

Wer kann aktive Sexualassistenz in Anspruch nehmen?: Grundsätzlich können alle Menschen mit Behinderung Sexualassistenz in Anspruch nehmen. Voraussetzung ist immer, dass der Impuls zur Inanspruchnahme vom Klienten ausgeht. **Dazu bedarf es aber einer spürbaren und sichtbaren Offenheit innerhalb der Einrichtungen bezüglich aktiver Sexualassistenz.** Es hat sich als sinnvoll erwiesen, Teamsitzungen mit Sexualassistenten zu veranstalten, damit alle Mitarbeiter/-innen die Möglichkeit haben, Ängste, Vorbehalte, Sorgen und Fragen mit den Sexualassistenten zu besprechen. Dies baut zum einen Vorurteile ab und zum anderen ist es ein Einstieg, um über das Thema Sexualität *kontinuierlich* ins Gespräch zu kommen.

Aus den Erfahrungen von Sexualbegleitern kann abgeleitet werden, dass gerade bei Menschen mit autistischen Störungen das Zeigen und Erklären von Masturbation zur Reduktion von Aggression und Autoaggression führen kann (vgl. de Vries, 2011).

Rechtliche Bedingungen für Sexualassistenz: Die Heilerziehungspflege ist im Bereich der Sexualassistenz in ihren theoretischen und praktischen Konzepten der Justiz etwas voraus, dies ist dem Umstand geschuldet, dass Recht viele politische und administrative Hürden nehmen muss, bevor es rechtskräftig wird. Dennoch gibt es einige Rechtsvorschriften zu beachten. § 212 Strafgesetzbuch (StGB) „Missbrauch von Autoritätsverhältnissen" besagt, dass pädagogische Fachkräfte keine aktive Sexualassistenz ausüben dürfen, da zwischen den Klienten/Klientinnen und dem pädagogischen Fachpersonal eine Abhängigkeit besteht. Außerdem darf Menschen mit schwerer geistiger Beeinträchtigung, die den Umstand der Sexualassistenz kognitiv nicht begreifen können, keine Sexualassistenz angeboten werden. Hier würden sich nach § 205 StGB sowohl Sexualassistenten als auch das pädagogische Personal strafbar machen.

Dennoch muss deutlich darauf hingewiesen werden, dass die Informationen über Angebote zur Sexualassistenz durchaus von den Heilerziehungspflegern an die Klienten/Klientinnen weitergegeben werden dürfen! Eine sehr differenzierte aktuelle Darstellung zum Thema „rechtliche Aspekte der Sexualassistenz" bietet die Pro-Familia-Expertise aus dem Jahr 2005, die nachstehend angegeben ist.

TIPP

Hilfestellungen im Internet

www.schatzkiste-partnervermittlung.eu
www.sexualbegleitung.org
www.ninadevries.com
www.sexualassistenz.ch/deutschland.html
www.isbbtrebel.de/fortbildungen-des-isbb/
www.asl-berlin.de/

Bücher

Pro-Familia-Expertise: Sexuelle Assistenz für Frauen und Männer mit Behinderungen. Abrufbar unter: www.profamilia.de/fileadmin/publikationen/Fachpublikationen/expertise_sexuelle_assistenz.pdf, 2005 (gefunden am 16.10.2013)

Veranstaltungen

Sexuelle Sprachfähigkeit erwerben (Inhouse-Veranstaltung): www.isp-dortmund.de/angebote-sexualpaedagogik/fachtage/im-klartext-und-mit-respekt-23.html

MODUL 8: ICH WÜRDE JA GERN MEHR WISSEN

8

Lernen ist ein ständiger Prozess, der niemals abgeschlossen wird. Wie in der griechischen Sage, in der Sisyphos dazu verdammt ist, einen Stein immer und immer wieder einen Berg hochzurollen, so ist der moderne Mensch in der Situation, sich ständig fortzubilden. Im Gegensatz zu Sisyphos' Lage sind **Aus-, Fort-, und Weiterbildung** keine Strafe, sondern eine gute Möglichkeit, sich selbst zu entwickeln.

Mithilfe neuester Erkenntnisse lassen sich auch neue Impulse in heilerziehungspflegerischen Institutionen setzen, dies kommt letztlich allen Beteiligten zugute. Die Idee, sich lebenslang fortzubilden, stammt aus dem Jahre 2007 von der Europäischen Union, die das Bildungsprogramm für lebenslanges Lernen (PLL) ins Leben rief. Bis Ende 2013 förderte das PLL mit rund sieben Milliarden Euro das Bildungsprogramm. Ab 2014 werden die verschiedenen Teilprogramme (*Comenius* für die Schulen, *Leonardo da Vinci* für die berufliche Bildung, *Erasmus* für die Hochschulen, *Grundtvig* für die Erwachsenenbildung) in das Programm *Erasmus+* überführt werden (vgl. www.bmbf.de/de/919.php, gefunden am 16.10.2013).

Für die Sexualpädagogik gilt genau dasselbe Prinzip: Gerade in einer Welt der immer schneller werdenden Veränderungen wird auch der Bedarf an sexualpädagogischer Begleitung immer wichtiger für das heilerzieherische Fachpersonal. Grundsätzlich können die bekannten Dachorganisationen wie bspw. Landesverbände der Pro Familia, der Paritätische Gesamtverband, das Rote Kreuz oder die Lebenshilfe Auskunft über mögliche Fort- und Weiterbildungen geben.

E

EXKURS: SCHATTENSEITEN DER SEXUALITÄT – MISSBRAUCH

Neben der bunten Vielfalt der Sexualität – die Sexualität hat immer auch eine dunkle, eine negative Seite der Sexualität: sexuellen Missbrauch. Der Exkurs zum sexuellen Missbrauch wurde mit Absicht aus der Kapitelnummerierung genommen, da sexueller Missbrauch nichts mit Sexualität zu tun hat, sondern mit Macht und Machtmissbrauch. So unschön der Tatbestand des sexuellen Missbrauchs auch sein mag, so notwendig ist dessen Thematisierung. Gerade dann, wenn Abhängigkeitssysteme bestehen. Ein Stärkerer trifft einen Schwächeren, ein Mächtiger trifft einen Ohnmächtigen - immer dann besteht die Gefahr, dass die Position des Schwächeren ausgenutzt wird, besonders in einem so intimen Bereich wie der Sexualität.

Die Mehrzahl der Opfer ist weiblich, die Mehrzahl der Täter ist männlich. Dennoch wird in diesem Kapitel oft die Rede von „Täter/-innen" sein. **Dieser Terminus ist bewusst gewählt, da er verdeutlichen soll, dass Jungen auch Opfer von sexualisierter Gewalt werden können und Frauen auch Täterinnen sind** – durch den allgemein starken Augenmerk auf weibliche Opfer soll hier der Blick auch auf Jungen/Männer als Opfer gestärkt werden.

Deshalb wird im folgenden Kapitel zunächst eine Begriffsannäherung an den Missbrauchsbegriff vorgenommen. Daran anschließend werden Zahlen, Daten und Fakten insbesondere das Thema Hell-/Dunkelfeld kritisch zu würdigen. Im dritten Abschnitt werden Tatumstände erläutert und im vierten sowie fünften Teil Typologien von Tätern/Täterinnen und deren Strategien beleuchtet. Im sechsten Abschnitt werden die Folgen für die Opfer angesprochen. Im letzten Teil werden dann verschiedene Präventionsstrategien aufgezeigt.

E1 Sexueller Missbrauch – eine Begriffsannäherung

Innerhalb der Forschungsliteratur existieren mittlerweile so viele Begrifflichkeiten für die Beschreibung von sexuellem Missbrauch, dass es für die Forschenden auf diesem Gebiet schwierig wird, die unterschiedlichen Varianten inhaltlich zu fassen. Dabei reichen die Begrifflichkeiten von „sexueller Missbrauch" (Hartwig, 1990) über

„sexueller Kindesmissbrauch" (Wenninger, 1994), „sexuelle Misshandlung" (Steinhage, 1991) bis hin zu „sexuelle Gewalt" (Böhler, 1990). Die verschiedenen Begrifflichkeiten deuten sowohl in ihrer Vielfalt als auch in ihrer zeitlichen Kontextuierung auf einen regen Diskurs in Bezug auf dieses Thema hin, nicht zuletzt, weil sexualisierter Missbrauch einen mehrdimensionalen Charakter aufweist. Grundsätzlich lassen sich aber zwei definitorische Grundsatzformen voneinander unterscheiden: die *enge* Begriffsfassung und die *weite* Begriffsfassung.

Enge Begriffsfassung: Enge Begrifflichkeiten zeichnen sich vor allem dadurch aus, dass sie möglichen sexuellen Missbrauch streng gegenüber anderweitigen Handlungen abgrenzen. Jene Begrifflichkeiten sehen vorrangig den **körperlichen Kontakt** zwischen Tätern/Täterinnen und Opfern - wie oralen, analen oder genitalen Geschlechtsverkehr - als wesensbestimmendes Merkmal der beschriebenen Begrifflichkeit an. Gerade Bagley (1995) vertritt diese Begrifflichkeit und setzt sich dafür ein, „sexuellen Missbrauch" möglichst eng zu fassen. Gemeinsam an dem engen Begriffsverständnis ist, dass sexueller Missbrauch lediglich auf Handlungen reduziert wird, die mit direktem Körperkontakt zwischen Täterinnen und Opfern einhergehen. Nash (1993a) setzt dafür gar die Berührungen der Genitalien voraus. Bagley (1995) erweitert die Körperzonen hingegen auf Genitalien und Brustbereich. Er zeigt auf, dass die sexuelle Handlung gegen den Willen des Opfers stattfindet.

Diese Ansicht, dass das Nicht-Wollen sexueller Handlungen entscheidend ist, unterstützen die meisten Autoren. Zudem beziehen sich die meisten engen Begriffsannäherungen auf die Altersdifferenz, um damit die Asymmetrie zwischen Erwachsenen oder Betreuungspersonen und Kindern/Klienten objektiv überprüfbar zu machen. Grundsätzlich wird engen Begrifflichkeiten unterstellt, besonders empirischen Untersuchungen gerecht zu werden, da objektivierbare Daten generiert werden können. Dennoch bestehen weitreichende Nachteile dahingehend, dass nicht alle Merkmale eines sexuellen Missbrauchs erfasst werden können und somit bestimmte Fälle gar nicht als sexueller Missbrauch klassifiziert werden.

Weite Begriffsfassung: Während, wie oben erwähnt, enge Begrifflichkeiten vor allem darauf bedacht sind, Operatoren für empirisch-statistische Untersuchungen zu bieten, gehen weite Begrifflichkeiten darüber hinaus, indem sie versuchen, sexuellen Missbrauch in seinem *gesamten Umfang* zu beschreiben. Dies schließt infolgedessen sowohl verbale/nonverbale Obszönitäten als auch Belästigungen und Exhibitionismus mit ein. Dementsprechend berücksichtigen weite Begrifflichkeiten **auch alle Nicht-Kontakthandlungen** (vgl. Wyatt & Peters, 1996). Hierfür beispielhaft ist die Begrifflichkeit von Senn: „Der Begriff sexueller Kindesmissbrauch wird hier im weitestmöglichen Sinn benutzt und bezeichnet jede sexuelle Aktivität (mit oder ohne Körperkontakt) oder Ausbeutung einer abhängigen Person unter sechzehn Jahren sowie sexuelle Ausbeutung und Übergriffe auf Menschen zwischen sechzehn und achtzehn Jahren. Sowohl außerfamilialer als auch innerfamilialer Missbrauch sind in diese Definition eingeschlossen." (Ammann/Wipplinger, zit. nach Senn & The G. Allen Roeher Institute, 1993, 17).

Weite Begrifflichkeiten haben den Vorteil, dass sie die Komplexität des sexuellen Missbrauchs nicht ausschließlich auf das Sexuelle reduzieren und somit den (Forschungs-)Blickwinkel auch auf die damit einhergehenden Handlungen lenken.

> **MERKE** **Die Begrifflichkeiten** für sexuellen Missbrauch sind vielfältig und unterscheiden sich in „enge" bzw. „weite" Begrifflichkeiten. Enge Begrifflichkeiten sind jene, die ein besonderes Augenmerk auf den sexuellen Akt legen, weite Begrifflichkeiten hingegen beziehen auch bspw. verbalen/nonverbalen Missbrauch mit ein.
>
> Als sexualisierter Missbrauch können alle Handlungen verstanden werden, die gegen die sexuelle Selbstbestimmung eines Menschen gehen, dies beinhaltet sowohl physische als auch psychische Grenzüberschreitungen.

E2 Sexualisierter Missbrauch – Zahlen, Daten und deren Problembereiche

Statistisch erhobene Zahlen erwecken den Anschein, sicheres Wissen über verschiedene Phänomene generieren zu können. Bei genauerer Betrachtung fällt jedoch auf, dass das vorhandene Datenmaterial zum sexualisierten Missbrauch alles andere als widerspruchsfrei ist. Die Untersuchungsergebnisse in Bezug auf sexualisierten Missbrauch weisen mitunter erhebliche Differenzen auf. Für aussagekräftige Untersuchungsergebnisse müssen forschungsmethodologisch drei Voraussetzungen erfüllt sein:

1. eine Falldefinition/Begriffsannäherung
2. eine Stichprobe
3. ein Befragungsinstrument (Ernst, 2005: 64 ff.; Bange, 2004, 33 f.)
   Alle drei Kriterien sind bislang noch problematisch, da nicht sämtliche Studien diesem Standard gerecht werden.

Jegliche Publikation in Bezug auf angebliche Missbrauchszahlen sollte also kritisch nach den oben genannten Kriterien gelesen werden.

Dunkelfeld: Zusätzlich kommt erschwerend hinzu, dass es eine große Zahl nicht dokumentierter bzw. angezeigter Fälle gibt, das sogenannte Dunkelfeld (vgl. Heiliger u. a. 2005, 612). Exemplarisch kann für den Bereich der sexuellen Missbrauchsforschung in Bezug auf Jungen auf gegenwärtig zehn Dunkelfelduntersuchungen zurückgegriffen werden. Diese kommen im Durchschnitt zu dem Schluss, dass die Rate sexualisierten Missbrauchs zwischen 4 und 22 % liegt. Werden die Extremwerte, also die höchsten und niedrigsten Ergebnisse, außer Acht gelassen, ergibt das einen Durchschnittswert von 5–10 % für Jungen. Als Vergleich liegt die Zahl für Mädchen bei 15–20 % (vgl. Ernst, 2005, 69; Bange, 2004, 34 ff.).

Zum Vergleich Zahlen aus dem Bereich der Behindertenhilfe: Die Fachhochschule Esslingen befragte 874 Mitarbeiter von Einrichtungen für Behinderte via Fragebogen sowohl zur Sexualerziehung als auch zum Thema sexualisierte Gewalt. Insgesamt beantworteten 308 Mitarbeiter die Fragen. 50 % der Einrichtungen machten Angaben zum Themenfeld sexualisierte Gewalt. Dabei wurden 574 Fälle thematisiert. In 443 Fällen waren die Opfer weiblich, in 131 handelte es sich um männliche Opfer (vgl. Noack/Schmid, 1996). 1990 wurden Sonderschullehrkräfte im Rahmen einer Examensarbeit befragt. 80 % der 20 interviewten Sonderschullehrer/-innen vermuteten sexuellen Missbrauch bei Kindern ihrer Klasse und benannten konkret 32 Fälle (vgl. Seligmann, 1996, 87).

Zusammenfassend lässt sich für die Gruppe der Menschen mit Behinderungen eine erhöhte Gefahr festhalten, Opfer sexualisierter Gewalt zu werden (vgl. Rühling/Kassebrock, 2002, 31 f.; Blinkle, 2000, 98).

Hellfeld: Für die amtliche Kriminalstatistik (fortan PKS), also jene Statistik, die als „Hellfeld" bezeichnet werden kann, da hier lediglich die angezeigten Straftaten registriert und ausgewiesen werden, schwankt die Zahl der Opfer sexualisierten Missbrauchs (§ 176,176a, 176b StGB) in den Jahren 2000 bis 2005 zwischen 19.719 und 17.558 (vgl. Polizeiliche Kriminalstatistik 2000 bis 2005).

> **MERKE** Grundsätzlich ist es schwierig, **konkrete Zahlen** für sexualisierte Gewalt zu liefern. Dies liegt daran, dass nicht alle Fälle zur Anzeige gemacht werden. Festzuhalten ist aber, dass Menschen mit Behinderung einer erhöhten Gefahr ausgesetzt sind, Opfer sexualisierter Gewalt zu werden.

E3 Tatumstände: sexualisierte Gewalt – wie, wo und wie lange?

Während der Kindheitszeit des Autors, in den späten 1990er-Jahren, herrschte noch das Bild vom „schwarzen Mann" vor, der Jungen und Mädchen, inter- und transsexuelle Menschen mit Schokolade in sein Auto lockt. Kurz danach wurden „Väter als Täter" ins Visier der Öffentlichkeit genommen. In jüngster Vergangenheit kamen Institutionen wie bspw. die Odenwaldschule und verschiedene katholische Einrichtungen durch kritische Berichterstattung in die Schlagzeilen.

Alle genannten Umstände umreißen allerdings nur einen kleinen Teil dessen, in welchen Konstellationen sexualisierter Missbrauch stattfindet. Im Folgenden werden verschiedene Tatumstände skizziert, um anschließend daran Täter/-innen und deren Strategien auszumachen.

Innerfamilialer und außerfamilialer sexueller Missbrauch: Bange (2007) kommt in seiner Untersuchung zum Schluss, dass sexualisierter Missbrauch am häufigsten von Bekannten aus dem außerfamilialen Nah-Raum (z. B. Nachbarn, Pfarrer, Lehrer, Freunde der Familie) verübt wird. Dies gilt gerade für Menschen, die in Institutionen untergebracht sind. Bange konnte nachweisen, dass viele Täter/-innen in pädagogischen Berufen anzutreffen sind (ebd.).

Arten des sexuellen Missbrauchs: Kloiber (2002) kam in seiner Befragung zu dem Schluss, dass 30 % der Befragten orale oder anale Penetrierung erlitten, die nicht mit ihrem Einverständnis geschah. Etwa 40 % mussten genitale Manipulationen über sich ergehen lassen (aktionistischer Missbrauch). Zirka ein Drittel der Befragten waren Opfer exhibitionistischer Übergriffe (vgl. Kloiber, 2002, 17).

Dauer von sexuellem Missbrauch: Julius/Boehme (1997) konnten nachweisen, dass 50–60 % der von ihnen befragten Jungen nur einmal sexualisierten Missbrauch erleiden mussten (vgl. Julius/Boehme, 1997, 111 f.). Diese Feststellung ist insofern interessant, als dass hier ein Unterschied zwischen Mädchen und Jungen besteht. **Bei Jungen findet der Missbrauch meist über einen kürzeren Zeitraum statt.** Romano/De Luca (2001) erklären diese eklatanten Unterschiede damit, dass Mädchen häufiger als Jungen in ihren engsten Sozialisationsräumen (Familie) Opfer sexualisierten Missbrauchs werden, während Jungen eher Opfer von Dritten werden, die sich tendenziell wieder zurückziehen (vgl. Romano/De Luca, 2001, 71).

> **MERKE** Sexualisierter Missbrauch findet am häufigsten im sozialen Nah-Raum statt. Die Täter/-innen sind also bekannt und haben oft emotionale Bindungen zu ihren Opfern. Jungen/Männer sind seltener über einen längeren Zeitraum sexualisiertem Missbrauch ausgesetzt als Mädchen/Frauen.

E4 Typologie der Täter/-innen

Noch bis weit in die 1990er-Jahre hinein vertraten Fachvertretern folgende Meinung: „Die meisten Sexualdelikte werden von sexuell und sozial unreifen Personen verübt, die durch den Kontakt mit [...] Kinder[n] sexuelle Befriedigung suchen. [...] Die meisten Täter fühlen sich von Kindern jedoch nicht in besonderem Maße angezogen. Sie suchen die sexuelle Stimulation [...] mit Kindern lediglich, um eine [...] unerreichbare oder unzulängliche Beziehung mit einer erwachsenen Person zu kompensieren" (Kutchinsky, 1991, 35 f.).

Diese Ansicht ist veraltet und nicht zutreffend! Es gibt *nicht* den Täter/die Täterin, dem/der man es an der Nasenspitze ansehen kann. Das Gegenteil ist der Fall. Die Täter/-innen, die sexualisierten Missbrauch begehen, sind „Durchschnittsmenschen", die unauffällig wirken und in aller Regel gut an gesellschaftliche Grundvereinbarungen angepasst sind.

E5 Täter/-innen-Strategien

Ein Hauptaugenmerk der meisten Täter/-innen liegt darauf, sowohl das gesamte soziale Umfeld als auch die nächsten Angehörigen ihrer Opfer „einzuwickeln". Da die Taten lange geplant werden, ist es den Tätern/Täterinnen wichtig, nicht aufzufallen. Diese soziale Anpassung und Vertrauensbeziehung zu den nächsten Bezugspersonen für den jeweiligen Jungen ist aus Tätersicht notwendig, um nach einem sexualisierten Missbrauch Verwirrung innerhalb des kindlichen Bezugssystems zu stiften. Ziel ist es, das Umfeld so „einzulullen", dass Warnhinweise des Klienten/der Klientin selbst von den nächsten Bezugspersonen nicht erkannt werden (vgl. Heiliger, 2000, 13; Bullens, 1995, 54).

Emotionale Bindungen aufbauen: Die Täter/-innen sind bemüht, eine möglichst emotionale Beziehung zu ihren Opfern aufzubauen und zu halten. Oft werden diese sozialen Beziehungen so weit intensiviert, dass die Täter/-innen als eines der wichtigsten Vorbilder für das jeweilige Opfer gelten (vgl. Bullens, 1995, 59; Berliner/Conte, 1990, 33).

Gerade dann, wenn die Täter/-innen nicht direkt zum engsten Familienkreis gehören, spähen sie die sozialen Kontexte systematisch aus, in denen sich die Klienten bewegen. Auch die Beziehung, die die Klienten zu ihren Eltern haben, wird analysiert (vgl. Enders, 2001, 57; Karremann, 2010, 15). Dieser Ausspäh- und Erkundigungsprozess wird in der Literatur häufig mit dem Begriff „grooming process" beschrieben (vgl. Bullens, 1995, 55). Berliner und Conte (1990) konnten nachweisen, dass dieser grooming process in aller Regel ziemlich erfolgreich verläuft.

Verhalten im Entdeckungsfall: Selbst wenn die Täter/-innen auffliegen und ihre Taten publik werden, verhalten sie sich strategisch geschickt. Auch hier versuchen sie systematisch, ihre Taten zu verdecken. Dies geschieht teilweise dahingehend, dass sowohl Erziehungsberechtigte und/oder die Opfer als Lügner bezeichnet werden. Oft versuchen die Täter/-innen, Fürsprecher für sich und ihren Leumund zu finden, um so die Opfer und ihre Angehörigen unglaubhaft wirken zu lassen. Deegener konnte in seiner Längsschnittuntersuchung feststellen, dass viele Täter/-innen bei zu großer Gegenwehr dazu neigen, einige Grenzverletzungen zuzugeben und diese aber als einmalige Aktionen zu deklarieren. Deegener bezeichnet dieses Vorgehen als „Verantwortungs-Abwehr-System". Dieses Vorgehen soll im Grundsatz von den eigentlichen Taten ablenken und das Selbstbild wie das Außenbild der Täter/-innen aufrechterhalten (vgl. Deegener, 1995, 59).

> **MERKE** Täter/-innen sind sehr bemüht, enge emotionale Abhängigkeitsverbindungen zu ihren Opfern herzustellen. Dazu kundschaften sie systematisch das soziale Umfeld des Opfers aus (grooming process). Im Entdeckungsfall neigen die Täter/-innen dazu, entweder alles abzustreiten oder aber leichte Grenzüberschreitungen zuzugeben, die sie nachträglich herunterspielen.

E6 Folgen sexualisierten Missbrauchs

Die Folgen eines sexualisierten Missbrauchs sind vielfältig und individuell unterschiedlich. Dennoch konnte festgestellt werden, dass sowohl Essstörungen (vor allem bei Mädchen/Frauen), aber auch Albträume und Flashbacks (beides Anzeichen für eine posttraumatische Belastungsstörung) sowie retardiertes Verhalten wie bspw. Wieder-Einnässen als auch „Anfälligkeit" für Sprachstörungen gegeben sein können (Bange, 1992; Richter-Appelt, 1995). Bei erwachsenen Männern konnte nachgewiesen werden, dass diese häufig untersexuellen Funktionsstörungen litten (vgl. Richter-Appelt, 1995).

E7 Präventionsstrategien

Prävention in seiner Wortbedeutung „Vorbeugung, Verhütung" und hat das Anliegen, vorbeugend zu wirken. Da, wie oben bereits ausgeführt, sexualisierter Missbrauch vielfältig ist, müssen auch die Präventionsstrategien vielfältig sein.

Gendersensible Pädagogik

Dieser von Focks (2002) ausgearbeitete pädagogische Ansatz geht davon aus, dass das pädagogische Fachpersonal zunächst eine sensible Haltung in Bezug auf Geschlecht und Geschlechtlichkeit entwickeln muss. Dazu verweist Focks darauf, dass es aus Perspektive einer geschlechtssensiblen Pädagogik drei verschiedene Sichtweisen auf das Geschlecht geben kann:

- **Gleichheitsperspektive:** Bei der Gleichheitsperspektive handelt es sich um eine Idee der Gleichberechtigung der Geschlechter, die mit dem Aufkommen der Französischen Revolution ihren geistigen Höhepunkt erreichte (Focks, 2002, 36 f.). Gleichheit bezeichnet keinen Sachverhalt an einzelnen Objekten, sondern Beziehungen zwischen mehreren Gegenständen, die sich auf irgendeine Weise voneinander unterscheiden (Prengel, 2006). Demnach ist „Gleichheit [...] immer nur Abstraktion von gegebener Ungleichheit" (Radbruch, 1950, 126). Daraus folgt nach Prengel: „Die verglichenen Dinge sind in einigen Merkmalen gleich und in anderen verschieden" (Prengel, 2006, 30). Es geht also nicht darum, absolute Gleichheit herzustellen – vielmehr geht es darum, Jungen und Mädchen sowie trans- und intersexuellen Klienten/Klientinnen die gleichen Rechte und Chancen zu eröffnen, sich in ihren jeweiligen individuellen Fähigkeiten zu entwickeln. Daraus folgt für die Praxis, dass Jungen zugestanden und zugemutet wird, z. B. bei gemeinsamen Spielen zu verlieren und gleichzeitig zu erfahren, dass auch Verlieren und Verlieren-Können eine wichtige und bereichernde Erfahrung darstellt und nicht mit Schwäche oder gar komplettem Versagen als Persönlichkeit gleichgesetzt werden muss.
- **Differenzperspektive:** Im Gegensatz dazu geht die Differenzperspektive davon aus, dass es (biologische) Unterschiede zwischen den Geschlechtern gibt, da diese in unterschiedlichen Erfahrungs- und Alltagswelten leben. Daraus folgt, dass Jungen anders fühlen, handeln und denken als Mädchen. Ergo fokussiert die Differenzperspektive die unterschiedlichen Erfahrungswelten der Geschlechter (Focks, 2002, 40 ff.) Problematisch an dieser Perspektive ist allerdings, dass hier allzu oft Eigenschaften verallgemeinert werden, z. B. „alle Jungen haben ein hohes Durchsetzungsvermögen" bzw. „alle Mädchen sind schwach und hilflos". Wichtig bei der Annahme dieser Perspektive ist, das kulturelle System der Zweigeschlechtlichkeit nicht noch mehr zu stabilisieren, sondern unter dem Blickwinkel der Gleichheit als *Analyseinstrument* zu sehen (Dräger, 2008, 66) und dadurch ungerechtfertigte Minderbewertungen aufzudecken und kritisch zu beleuchten.

- **(De-)Konstruktivistische Perspektive:** Der Sozialkonstruktivismus, der besonders in den 1990er-Jahren seine Blütezeit erlebte, verweist darauf, dass Geschlechtlichkeit vielmehr „gelebt" wird (doing gender) bzw. individuell reproduziert wird, anstatt statisch zu existieren. Die konstruktivistische Perspektive verweist darauf, dass Normen, Werte, Ideologien und Institutionen sowie Medien uns erst zu Männern bzw. Frauen machen. Es geht hier besonders um eine fragende bzw. infrage stellende Haltung und Reflexion von Geschlechtskategorien sowie um die Aufdeckung der Tatsache, dass es „die Männlichkeit" oder „die Weiblichkeit" nicht gibt. Die konstruktivistische Perspektive verlangt von den einzelnen Heilerziehungspflegern eine hohe kognitive Leistung, da sich diese zum einen ihrer eigenen geschlechtlich gewordenen und reproduzierten Rolle gewahr werden müssen, zum anderen wird ihnen abverlangt, verschiedenen Reproduktionen von Geschlechtsrollen wertschätzend zu begegnen. Darüber hinaus müssen sie aber auch in der Lage sein, die reproduzierten Rollen immer wieder aktiv zu hinterfragen, was mitunter zu Spannungen innerhalb von Gruppen führen kann. Daraus folgt, dass die (de-)konstruktivistische Perspektive als „Reise" verstanden werden kann, auf der die Heilerziehungspfleger/-innen mit den ihnen anvertrauten Jungen und Mädchen sowie trans- und intersexuellen Menschen auf die Suche nach deren eigenen intraindividuellen Rollen als geschlechtliches Wesen gehen. Dazu gehört ebenfalls die Förderung der Anerkennung und Achtung der jeweiligen Seinsweise des anderen (Focks, 2002, 47 ff.).

Außer einer veränderten geschlechtssensiblen heilpädagogischen Grundhaltung bedarf es aber noch weiterer Schritte gegen sexualisierten Missbrauch.

Überprüfung des pädagogischen Fachpersonals auf Delikte gegen die sexuelle Selbstbestimmung

Daten über Täter/-innen konnten zeigen, dass innerhalb des heilpädagogischen Berufsfelds leider immer wieder auch Täter/-innen zu finden sind. Es ist notwendig, diese möglichst vor Dienstantritt überprüfen zu lassen. Dies ist seit 2012 nun auch gesetzlich vorgesehen, wie es der Unabhängige Beauftragte für Fragen des sexuellen Kindesmissbrauchs ausführte: „Am 1. Januar 2012 ist das neue Bundeskinderschutzgesetz in Kraft getreten. Neben zahlreichen Regelungen zur Verbesserung der Prävention und Intervention im Kinderschutz ist durch das Bundeskinderschutzgesetz auch eine Änderung des Achten Sozialgesetzbuches (SGB VIII) erfolgt, durch die nun alle hauptamtlichen Mitarbeiterinnen und Mitarbeiter in der öffentlichen und freien Jugendhilfe ein erweitertes Führungszeugnis vorlegen müssen. Bei Ehrenamtlichen sollen öffentliche und freie Träger vereinbaren, bei welchen Tätigkeiten dies im Einzelnen nötig ist." (Unabhängiger Beauftragter für Fragen des sexuellen Kindesmissbrauchs, o. A.).

Sexualpädagogik/Sexualerziehung innerhalb der Ausbildung

Trotz aller sexualpädagogischen Bemühungen muss leider festgehalten werden, dass Sexualpädagogik bzw. Sexualerziehung in deutschen Schulen immer noch sehr stark eindimensional im Fach Biologie unterrichtet wird, obwohl der

KMK-Erlass[17] von 1986 die Vielschichtigkeit in Bezug auf Sexualität vorsieht (vgl. KMK, 1986). Der Grund, warum Sexualerziehung so selten über das Fach Biologie innerhalb der Schulen hinausgeht, ist simpel: Lediglich 10 % der befragten Lehrkräfte fühlten sich fachlich für dieses Themenfeld zuständig (vgl. Glück u. a., 1990). Daraus lässt sich schließen, dass sowohl Sexualerziehung als auch Sexualpädagogik meist an einzelne Akteure gebunden ist, von deren Engagement es abhängig ist, wie weit Sexualerziehung/Sexualpädagogik innerhalb der schulischen (Ausbildungs-)Laufbahn behandelt wird. Dies wiederum bedeutet, dass Heilerziehungspfleger/-innen je nach Engagement einzelner Lehrkräfte mit verschiedenen sexualpädagogischen Themen konfrontiert werden oder eben mit keinen bzw. nur mit den nötigsten. Gerade, weil sich die wenigsten Lehrkräfte in die Lage fühlen, sexualpädagogische Lehr-Lern-Arrangements anzubieten, ist es wichtig, dass dies mehr und mehr im universitären und schulischen Kontext geschieht.

Sexualpädagogik in den Einrichtungen

Der sexualpädagogische Umgang mit Klienten/Klientinnen in den verschiedenen heilpädagogischen Einrichtungen ist unerlässlicher Bestandteil präventiver Bemühungen. Dabei ist eine emanzipatorische Sexualpädagogik oberstes Gebot, die gerade Menschen mit Behinderung darin bestärkt, sich selbst ihrer eigenen Grenzen bewusst zu werden und diese auch klar gegenüber Dritten zu artikulieren. Diese heilpädagogische Haltung ist neben einer geschlechtssensiblen Pädagogik vonnöten, da „Mädchen und Jungen aus Familien mit rigiden Sexualnormen, das heißt, aus Familien, in denen Sexualität tabuisiert wird, ein strenges moralisches Klima herrscht und Selbstbefriedigung verboten ist, werden signifikant häufiger Opfer sexueller Ausbeutung als Mädchen und Jungen, die eine emanzipatorische Sexualerziehung erhielten." (Enders 1990, 26) Da Sexualität nach Hopf mehr ist als genitale Sexualität, darf auch deren Thematisierungspraxis nicht eindimensional erfolgen (vgl. Hopf, 1990). Dabei ist zu bedenken, dass Sexualerziehung immer auch Sozialerziehung ist und in den heilpädagogischen Alltag eingebettet sein muss (ebd.).

Gerade in Bezug auf das Thema sexualisierten Missbrauch heißt es:

> *„Kinder, die über körperliche Vorgänge und Sexualität informiert sind und eine Sprache dafür gefunden haben, sind eher in der Lage, sich auch gegen sexuelle Übergriffe zu wehren bzw. frühzeitig davon zu erzählen, damit eine Verarbeitung der negativen Erlebnisse erfolgen und begleitet werden kann. Kinder, die im familiären Rahmen sexuelle Übergriffe erleben, werden zu Hause meistens nicht aufgeklärt. Mit ihnen wird nicht über das Erlebte gesprochen, sondern eher Druck ausgeübt, niemanden davon zu erzählen. Eine sexualfreundliche Atmosphäre kann es Kindern erleichtern, die Angst zu überwinden und sich Hilfe und Unterstützung zu holen." (Kindergartenbox, 2003, 7)*

Der Einsatz von **Handpuppen** bietet sich gerade bei Menschen mit leichter geistiger Behinderung an, da über die Handpuppe auch „heikle Themen" besprochen

[17] KMK= Kultusministerkonferenz

werden können. Oftmals können die Klienten/Klientinnen auch eine „Beziehung" zu der Handpuppe aufbauen und verlieren so ihre Scheu davor, Fragen zu stellen oder Sehnsüchte und Ängste zu verbalisieren.

Aus,- Fort- und Weiterbildung

Die beschriebenen Maßnahmen allein reichen allerdings nicht aus. Gerade die Fort-, Aus-, und Weiterbildung heilpädagogischen Fachpersonals ist essenziell notwendig, damit dieses nach seiner heilerzieherischen Breitbandausbildung auf dem neusten Stand der wissenschaftlichen Erkenntnisse bleibt. Den Fortbildungen in Bezug auf sexualisierten Missbrauch kommt dabei ein besonderer Umstand zu, nämlich dem **Umstand der Wachsamkeit**. Immer, wenn Themen erneut in einer Fort- und/oder Weiterbildung aufgegriffen werden, ist die Wahrscheinlichkeit erhöht, dass heilpädagogische Fachkräfte diesem Themenfeld zumindest in der darauffolgenden Zeit besondere Beachtung schenken. Da sexualisiertem Missbrauch nur durch aufmerksame Beobachtung und Kooperation überhaupt ansatzweise zu begegnen ist, ist es umso wichtiger, dass die verschiedenen Teammitglieder in möglichst regelmäßigen Abständen Fortbildungen zu diesem Themenkomplex besuchen.

Informationen über sexualisierte Gewalt an Jungen verbreiten

Gerade die Information darüber, dass auch Jungen Opfer sexualisierten Missbrauchs werden können, ist innerhalb der Gesellschaft von großer Bedeutung. Erst wenn sich gesamtgesellschaftlich auch Jungen als mögliche Opfer in den Köpfen der Menschen verankert haben, haben diese auch eine Chance, früher als bislang als solche identifiziert zu werden und somit Hilfe zu erhalten. Außerdem ist es notwendig, die gesellschaftlichen Männlichkeitsbilder aktiv zu hinterfragen.

Vernetzung

Sexualisierter Missbrauch, wie er oben beschrieben wurde, macht deutlich, dass dieser nicht allein zu bewältigen ist. Es bedarf deswegen einer engen Kooperation zwischen den verschiedenen heilpädagogischen Einrichtungen und speziellen Fachstellen. Weber/Rohleder (1995) machten für den Elementarbereich bereits darauf aufmerksam, dass gerade die Kooperation zwischen Kindergärten und sachkundigen Stellen über Erfolg bzw. Misserfolg von Interventionen entscheidet (vgl. Weber/Rohleder, 1995, 95 f.). Auch die Erarbeitung von Handlungsstrategien im Einzelfall lässt sich in derartigen Arbeitskreisen realisieren. Der Vorteil dieser engen Kooperation ist, dass dabei die Handlungsstrategien nicht – wie im fachschulischen Unterricht – abstrakt bleiben, sondern ganz konkrete Konturen annehmen, insofern, als dass die beteiligten Akteure vor Ort mit ihren jeweiligen Fachkenntnissen und Erfahrungen zugegen sind. Wiesner (1997) unterscheidet dabei zwei Kooperationsweisen voneinander:

1. Verbindliche Festlegungen von Handlungsweisen innerhalb der Jugendämter und Sozialen Dienste, die vorgeben, wann und wie zu kooperieren ist;
2. Die Zusammenarbeit zwischen Jugendamt, Polizei, Gerichten/Staatsanwaltschaft und Kita (vgl. Wiesner, 1997, 19).

Schone u. a. verweist in diesem Kontext auch auf den Umstand *formeller* und *informeller* Vernetzung. Oftmals ist es noch so, dass Kooperationen zu diesem Themenkomplex informeller Natur sind und deshalb der spontanen Einschätzung vereinzelter Fachkräfte unterliegen. Gerade deshalb ist es auf lange Sicht essenziell notwendig, aus den meist noch informellen Kooperationen **formelle Kooperationen** werden zu lassen (vgl. Schone u. a., 1997, 195). Dies bedeutet konkret, dass „eine Beschreibung der eigenen Kompetenzen, Stärken und Schwächen Grundvoraussetzung für eine Zusammenarbeit zwischen den Disziplinen ist" (Fegert u. a., 2001, 14). Gerade das Wissen um die Stärken der Kooperationspartner macht es für alle Beteiligten leichter festzustellen, wo im Kooperationsnetz Lücken zu schließen sind. Rietmann/Hensen (2007) untersuchten verschiedene interdisziplinäre Kooperationsteams und kamen zu dem Schluss, dass gerade die Verschiedenheit der Fachkräfte, deren unterschiedlicher Ausbildungs-Background und deren verschiedene Erfahrungen sich als wichtig erwiesen, um der hohen Komplexität, die das Thema sexualisierter Missbrauch beinhaltet, gerecht zu werden (vgl. Rietmann/Hensen, 2007, 38).

Vor allem dann, wenn Verdachtsfälle auftauchen, ist es wichtig, dass die Heilerziehungspfleger vor Ort aufmerksam sind. Hartwig/Hensen (2008) schlagen vor, dann besonders folgende Punkte innerhalb der Einrichtung abzuarbeiten, um in Kooperation mit Partnern weitere Handlungsschritte absprechen zu können:

- genaues Sammeln und Dokumentieren aller Informationen, die zur Klärung notwendig erscheinen, schon ab dem ersten Kontakt
- Abklären der Lebenssituation des Kindes und der Familie, z. B. die Untersuchung familiärer Generationengrenzen
- Gespräche mit möglichen Hinweisgebern aus dem Umfeld des Kindes
- Intensivierung des Kontakts zum Kind
- Beobachtung des kindlichen Verhaltens (vgl. Hartwig/Hensen, 2008, 96)

Neben der Kooperation innerhalb von Fachzirkeln ist auch die Kooperation mit **Spezialberatungsstellen** anzustreben. So sind im Bundesgebiet zwei spezialisierte Beratungsstellen zu nennen, deren Hauptaufgabe darin besteht, Opferschutz- und Weiterbildungsangebote bzw. Kooperationsangebote zu machen. Die eine ist in den 1980er-Jahren entstanden: „Wildwasser e. V.", sie hat ihren Hauptsitz in Berlin (vgl. Weber, 2002, 580). Die andere ging aus der Frauenselbsthilfebewegung hervor: „Zartbitter e. V.". Seit 1987 ist Zartbitter eine Anlaufstelle für sexuell missbrauchte Mädchen (mittlerweile wurde der Beratungsbedarf für Jungen/Männer erkannt, seither gibt es auch Angebote speziell für Jungen/Männer). Das Besondere an dem interdisziplinär aufgestellten Verein ist, dass er sowohl Beratung als auch Weiterbildungen für pädagogisches Fachpersonal anbietet (vgl. Zartbitter e. V. Köln).

Interventionsschritte bei innerfamilialem sexualisiertem Missbrauch

Findet der sexualisierte Missbrauch in der Familie statt, ist es für Heilerziehungspfleger/-innen nur schwer möglich, direkt zu intervenieren. Dennoch gibt Enders (1990) folgende **Interventionsstrategien** vor, die nicht als starre Abfolge verstanden werden sollen:

- Ruhe bewahren. Überstürztes Handeln schadet eher, als dass es nützt. Eine zu frühe Konfrontation führt oft zu Abwehr der Familie gegenüber dem heilpädagogischen Fachpersonal.
- Fallsupervision beantragen und durchführen.
- Kontaktpersonen, die eine gute Beziehung zum Kind haben, stabilisieren.
- Abklären, welche weiteren Personen Kontakt zum Opfer haben (z. B. Erzieherin, Lehrkräfte).
- Fakten zusammentragen und dokumentieren.
- Kontaktpersonen vor unüberlegter Hilfeleistung in Form von Anzeige abhalten, da dies das Ermittlungsverfahren negativ beeinträchtigen könnte.
- Kontaktpersonen ermutigen, im späteren Ermittlungsfall auszusagen.
- Helferkonferenz einberufen.
- Mit Jugendamt in Kontakt treten.
- Möglichkeiten zur externen Unterbringung mit Jugendamt beratschlagen.
- Konfrontation des Täters/der Täterin.
- Räumliche Trennung von Täter/-in und Opfer.
- Vermittlung von Beratungs- und Therapieangeboten.
- Täter/-in Therapieangebot machen.
- Abklären, ob Anzeige im Sinne des Opfer ist. (vgl. Enders, 1990, 140 f.)

Täter/-innen-Therapie

An dieser Stelle soll kurz auch auf eine Präventionsmaßnahme hingewiesen werden, die es in den kommenden Jahren auszubauen gilt: die Täter/-innen-Therapie. So unverständlich es auf den ersten Blick sein mag, so notwendig ist es darauf hinzuweisen, dass Nachhaltigkeit präventiver Maßnahmen anders aussieht als bislang. Bislang wurde die meiste Zeit und Energie darauf verwendet, Jungen, die bereits Opfer geworden sind, zu helfen. Selten wurde nach den Tätern/Täterinnen geschaut. Deshalb sollte darauf aufmerksam gemacht werden, dass gerade der Täter/-innen-Therapie eine entscheidende Funktion zukommt, sofern man „präventiv" im eigentlichen Wortsinn verstehen möchte.

Bislang ist die sexualtherapeutische Ausbildungslandschaft in Deutschland als mäßig zu bezeichnen. So gibt es kaum Sexualtherapeutinnen, geschweige denn Therapeuten, die sich auf Sexualstraftäter/-innen spezialisiert hätten. Dies liegt auch am Umstand, dass die Arbeit mit den Tätern/Täterinnen nicht von gesellschaftlichem Prestige gekrönt ist, die Erfolge bislang mäßig sind und die finanzielle Entlohnung zu niedrig ausfällt. Bislang hat sich vor allem die Berliner Charité mit einem bis dato einmaligen Projekt hervorgetan, Tätern/Täterinnen, die bislang noch nicht straffällig geworden sind, eine Therapie angedeihen zu lassen. Gerade dieser Ansatz scheint vielversprechend zu sein. Heilpädagogik als Ganzes sollte im Sinne des doppelten Mandats[18] innergesellschaftlich darauf hinwirken, dass

[18] In der sozialen Arbeit versteht man unter dem Konzept des doppelten Mandats die Verbindung von zwei verschiedenen, sich unter Umständen widersprechenden Aufträgen in einer Berufsrolle. Der Begriff meint, dass der Sozialarbeiter in der Ausübung seines Berufs immer wieder mit unterschiedlichen Interessen konfrontiert ist, zwischen welchen er vermitteln muss.

diese Ansätze auch räumlich eine weitere Verbreitung finden. Dies ist ebenfalls eine Form von Prävention!

MERKE

Aufgaben des Heilerziehungspflegers

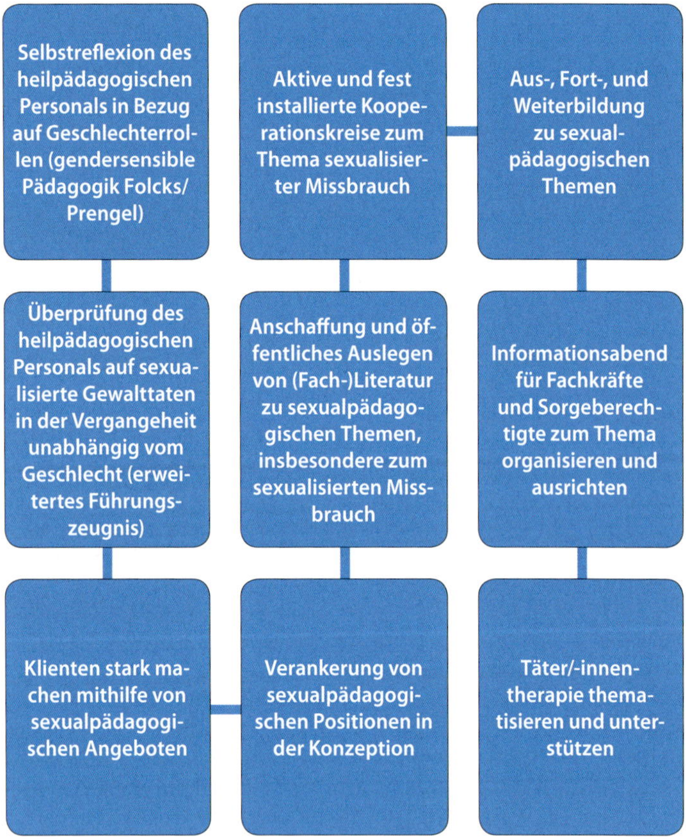

TIPP

Bücher

Kaiser, S.: Richtig wichtig – Stolz und Stark. Köln: Mebes & Noack, 2007

Braun, G.: Ich sag NEIN: Arbeitsmaterialien gegen den sexuellen Missbrauch an Mädchen und Jungen. Mülheim an der Ruhr: Verlag an der Ruhr, 2008

Mauck, V. (o. J.): Tina sagt Nein! Tim sagt Nein! Zu beziehen über: www.eigensinn.org/angebote_infomationen/materialien/tina_und_tim.htm

Hamburger Netzwerk Mädchen und Frauen mit Behinderung, ForUM e. V.: www.verein-forum.de/downloads/WenDo.pdf, 2009

Achilles, I.: Was macht ihr Sohn denn da? Geistige Behinderung und Sexualität. München: Ernst Reinhardt, 2002

Amyna e. V. (Hrsg.): Sexualisierte Gewalt verhindern – Selbstbestimmung ermöglichen. Schutz und Vorbeugung für Mädchen und Jungen mit unterschiedlichen Behinderungen. München: Amyna, 2008

Becker, M.: Sexuelle Gewalt gegen Mädchen mit geistiger Behinderung. Daten und Hintergründe. 2. Auflage, Heidelberg: Winter, 2001

Bungart, P.: Sexuelle Gewalt gegen behinderte Menschen. Der Schutz Behinderter durch das Sexualstrafrecht. Frankfurt am Main: Mabuse, 2005

Dietzel, A.: Gehörlos – sprachlos – missbraucht?! Eine Unterrichtsreihe für die präventive Arbeit mit hörgeschädigten Mädchen und Jungen. Schriftenreihe Sonderpädagogik in Forschung und Praxis, Bd. 7. Hamburg: Verlag Dr. Kovač, 2004

Elmer, C.; Fries, B.: Alles Liebe? Eine Geschichte über Freundschaft, Achtung und Gewalt. Zürich: Limita, Fachstelle zur Prävention Sexueller Ausbeutung Von Mädchen und Jungen, 2008

Marschner, D. Mädchen stark machen. Ideen, Anregungen und Möglichkeiten zur Selbstbehauptung. Übungsreihen für Geistigbehinderte: Lehrgang D, Lebenspraktisches Training, Heft D2, Dortmund, 2005

Literaturverzeichnis

AEBI, U.: Das normalbegabte zerebrale bewegungsgestörte Kind. Bern: Hans Huber, 1974

AMMAN, G.; WIPPLINGER, R. (Hrsg.): Sexueller Missbrauch. Überblick zu Forschung, Beratung und Therapie. Ein Handbuch. Tübingen: dgvt, 2005

ARICH, S.: Sensi-Sexualassistenz für behinderte Menschen. In: Walter, J. (Hrsg.): Sexualbegleitung und Sexualassistenz bei Menschen mit Behinderung. Bad Herrenalb: Edition S, 2004, S. 117–129

ARNADE, S.: Zwischen Anerkennung und Abwertung. Behinderte Frauen und Männer im bioethischen Zeitalter. In: Bundeszentrale für politische Bildung: Aus Politik und Zeitgeschichte. B8. Das Parlament, 2009

Ausführungsgesetz des Landes Berlin zum KJHG, 1993

BACH, K.: Zur Entwicklung der Sexualpädagogik von 1918–1945. Dissertation. Münster, 1991

BAGLEY, C./KING, K.: Child sexual abuse: The search for healing. London: Tavistock/Routledge, 1990

BANGE, D.: Die dunkle Seite der Kindheit. Köln: Volksblatt, 1992

BANGE, D.: Definition und Häufigkeit von sexuellem Missbrauch. In: W. Körner & A. Lenz (Hrsg.): Sexueller Missbrauch Band 1. Göttingen: Hogrefe, 2004, S. 29–37.

Behörde für Schule, Jugend und Berufsbildung Hamburg: Sexualpädagogik in der Schule gestalten. Handreichung zur Qualifizierung von Lehrkräften der Sekundarstufe, 2000

BERGEEST, H.: Sexualität. In: Hansen, G.; Stein, R. (Hrsg.): Sonderpädagogik konkret. Ein Handbuch in Schlüsselbegriffen. Bad Heilbrunn: Julius Klinkhardt, 1997, S. 255–257

BERLINER, L.; CONTE, J. R.: The process of victimization: The victims perspective. Child abuse & neglect, Vol. 14, 1990, S. 29–40

BITTNER, M.: Geschlechterkonstruktionen und die Darstellung von Lesben, Schwulen, Bisexuellen, Trans* und Inter* (LSBTI) in Schulbüchern. Eine gleichstellungsorientierte Analyse. Gewerkschaft Erziehung und Wissenschaft, 2011, unter www.gew.de/Binaries/Binary88533/120423_Schulbuchanalyse_web.pdf (gefunden am 02.10.2013)

BLINKLE, R.: „Wir könn(t)en auch anders". Zur sexuellen Entwicklung geistig behinderter Jungen und Männer. In: Deutsche Behinderten-Zeitschrift, Jahrgang 36, Heft 6, 34–36

BLINKLE, R.: Gewalterfahrungen eines „geistig behinderten" Mannes in: Lenz, H-J. (Hrsg.): Männliche Opfererfahrungen. Problemlagen und Hilfeansätze in der Männerberatung. Weinheim: Juventa, 2000, S. 92–102.

BLUME-WERRY, A.: Liebe, Sexualität und Partnerschaft. Eine Umfrage der ASbH unter ihren volljährigen Mitgliedern. In: ASbH-Brief 4 (1999), Arbeitsgemeinschaft Spina Bifida und Hydrocephalus e. V., Dortmund, S. 12–17

BORNEMAN, E.: Reifungsphasen der Kindheit. Sexuelle Entwicklungspsychologie. Band 1. Wien: Jugend & Volk, 1981

BORRMANN, R.: Die sexuelle Belehrung der Kinder und Jugendlichen unter besonderer Berücksichtigung der Teilnahme des Lehrers. Dissertation Humboldt-Universität Berlin, 1961

BRETLÄNDER, B.; SCHILDMANN, U.: Geschlecht und Behinderung: Prozesse der Herstellung von Identittät unter widersprüchlichen Lebensbedingungen. In: Vierteljahreszeitschrift für Heilpädagogik und ihre Nachbargebiete 73, Heft 3 (2004), S. 271–281

BULLENS, R.: Der Grooming-Prozess – oder das Planen des Missbrauchs. In Marquardt-Mau, B. (Hrsg.): Schulische Prävention gegen sexuelle Kindesmisshandlung. Grundlagen, Rahmenbedingungen, Bausteine und Modelle. Weinheim: Juventa, 1995, S. 55–67

Bundesministerium für Bildung und Forschung zum Thema Lebenslanges Lernen: www.bmbf.de/de/919.php (gefunden am 16.10.2013)

Bundesverband Lebenshilfe (Hrsg.): Sexualpädagogische Materialien für die Arbeit mit geistig behinderten Menschen. Weinheim: Juventa, 2005

Bundeszentrale für gesundheitliche Aufklärung: Kindergartenbox: Entdecken, schauen, fühlen. 2003

Bundeszentrale für gesundheitliche Aufklärung (Hrsg.): Sexualität und Kontrazeption aus der Sicht der Jugendlichen und ihrer Eltern. Forschung und Praxis der Sexualaufklärung und Familienplanung. Band 8. Eine repräsentative Studie von I. Schmidt-Tannwald und N. Kluge, 1998

CAMPE, J. H. (Hrsg.): Allgemeine Revision des gesamten Schul- und Erziehungswesens. 6. Teil. Wolfenbüttel, 1787

CLOERKES, G.: Soziologie der Behinderten. Eine Einführung. Heidelberg: Winter, 2001

Condomi (2013): http://condomi.com

DAUT, V.: Leben mit Duchenne Muskeldystrophie. Eine qualitative Studie mit jungen Männern. Bad Heilbrunn: Julius Klinkhardt, 2005

DE VRIES, N. H.: Sexualassistenz für Menschen mit Beeinträchtigungen. In: Nicklas-Faust, J. (Hrsg.): Heilerziehungspflege 2. Heilerziehungspflege in besonderen Lebenslagen gestalten. Berlin: Cornelsen, 2011 S. 85–89

DECHESNE, B.: Die psychosexuelle Entwicklung bei körperbehinderten Jugendlichen. In: Dechesne, B.; Pons, C.; Schellen, T.: … aber nicht aus Stein. Medizinische und psychologische Aspekte von körperlicher Behinderung. Weinheim: Beltz, 1981, S. 147–171

DEEGENER, G.: Sexueller Missbrauch: Die Täter. Weinheim: Beltz PVU, 1995

DESPOUY, L.: Human Rights and Disabled Persons. United Nations publications, Sales No. E.92.XIV.4, 1993, unter www.un.org/esa/socdev/enable/dispaparedes0.htm (gefunden am 17.6.2013)

DIEHL, U.; REUBER, M.: Die Sexualität behinderter Kinder und Jugendlicher aus Sicht ihrer Eltern. In: Weinwurm-Krause, E.-M. (Hrsg.): Sexualerziehung in der Sonderschule. Hamburg: Verlag Dr. Kovač, 1995, S. 34–38

DIETERICH, R.; RIETZ, A.. Psychologisches Grundwissen für Schule und Beruf. Donauwörth: Auer Verlag, 1996

DRÄGER, T.: Gender Mainstreaming im Kindergarten. Stuttgart: Ibidem Verlag, 2008

DRATHS, R.: Vergessene Pubertät – Sexualität und Verhütung bei Jugendlichen mit einer chronischen Krankheit oder Behinderung. Bern: Hans Huber, 2012

EKINS, R.; KING, D.: Transgendering, migrating and love oneself as a woman: a contribution to a sociology of autogynephilia. International Journal of Transgenderism, 5 (3), 2001. Unter www.symposion.com.itj/

ENDERS, U.: Zart war ich, bitter war's. Handbuch gegen sexuelle Gewalt an Mädchen und Jungen. Köln: Kiepenheuer & Witsch, 2001

ENDERS, U. (Hrsg.): Zart war ich, bitter war's. Sexueller Missbrauch an Mädchen und Jungen. Erkennen - Schützen – Beraten. Köln: Volksblatt, 1990

ERIKSON, E.: Identität und Lebenszyklus. Frankfurt am Main: Suhrkamp, 1995

ERNST, C.: Zu den Problemen der epidemiologischen Erforschung des sexuellen Missbrauchs. In G. Amman & R. Wipplinger (Hrsg.): Sexueller Missbrauch – Überblick zu Forschung, Beratung und Therapie. Ein Handbuch, S. 61–80. Tübingen: dgvt-Verlag, 2005

FEGERT, J.M.: Sexueller Missbrauch an Kindern und Jugendlichen. In: Bundesgesundheitsblatt – Gesundheitsforschung – Gesundheitsschutz, H. 1/2007, 2007, S. 78–89

FEGERT, J. M. u. a.: Sexuelle Selbstbestimmung und sexuelle Gewalt. Ein Modellprojekt in Wohneinrichtungen für junge Menschen mit geistiger Behinderung. Weinheim: Juventa, 2006

FEND, H.: Entwicklungspsychologie des Jugendalters. Ein Lehrbuch für pädagogische und psychologische Berufe. Opladen: Leske + Budrich, 2003

FIEDLER, P.: Sexuelle Orientierung und sexuelle Abweichung : Heterosexualität – Homosexualität – Transgenderismus und Paraphilien – sexueller Missbrauch – sexuelle Gewalt. Weinheim: Beltz, 2004

FLAMMER, A.; ALASKER, F. D.: Entwicklungspsychologie der Adoleszenz. Bern: Hans Huber, 2002

FOCKS, P.: Starke Mädchen, starke Jungs. Leitfaden für eine geschlechtsbewusste Pädagogik. Freiburg: Herder, 2002

FREUD, S.: Drei Abhandlungen zur Sexualtheorie. Hamburg: Nikol, 2010

FRIESE, A.: Einstellungen und Verhalten gegenüber körperbehinderten Menschen – aus Sicht und im Erleben der Betroffenen. Oberhausen: Athena, 2005

FUCHS, F.: Sexualverhalten und Partnerbeziehung junger Körperbehinderter. PLUS-Wissen, 1987

GAGNON, J. H.: Human sexualities. Glenview, Illinois: Scott Foresman, 1977

GEIFRIG, R.: Frauen mit Behinderung gelten als geschlechtslos – Sexualität und Behinderung aus weiblicher Sicht. In: Delisle B.; Haselbacher, G.; Weissenrieder N. (Hrsg.): Schluss mit Lust und Liebe? Sexualität bei chronischen Krankheiten und Körperbehinderungen. München: Ernst Reinhardt, 2003

Gib AIDS keine Chance: www.gib-aids-keine-chance.de/wissen/sti.php (gefunden am 19.10.2013)

GIESECKE, H.: Pädagogik als Beruf. Grundformen pädagogischen Handelns. Weinheim: Juventa, 1992

GINDORF, R.: Erklärung der sexuellen Menschenrechte. In: Clausen, J. (Hrsg.): Sexualität leben ohne Behinderung – Das Menschenrecht auf sexuelle Selbstbestimmung. Stuttgart: Kohlhammer. 2013, S. 72–74

GLÜCK, G.; SCHOLTEN, A.; Strötges, G.: Heiße Eisen in der Sexualerziehung. Weinheim: Deutscher Studienverlag, 1990

GNIELKA, M.: Zwischen Einschulung und Pubertät: Über Sexualität reden ... Eigenverlag der BZgA, o. J.

GLÖER, N.; Schmiedeskamp-Böhler, I.: Verlorene Kindheit – Jungen als Opfer sexueller Gewalt. München: Weismann Frauenbuchverlag, 1990

GOSS, U.: Konzepte der Bisexualität. Zeitschrift für Sexualforschung, 16 (2003), S. 51–65

HÄFNER, S.: Folgen der Ratifizierung der UN-Konvention zu den Rechten der Menschen mit Behinderungen. In: Bündnis 90/Die Grünen Bundestagsfraktion: Leben ohne Barrieren!? Dokumentation der Anhörung vom 23.4.07. Bündnis 90/Die Grünen Bundestagsfraktion, 2007

HARK, S.: Neue Chancen – alte Zwänge? Zwischen Heteronormativität und posttraditionaler Vergesellschaftung. Zur sozialen und psychischen Situation lesbischer Mädchen und schwuler Jungen in Nordrhein-Westfalen. Expertisen zum 7. Kinder- und Jugendbericht der Landesregierung NRW. Ministerium für Frauen, Jugend, Familie und Gesundheit des Landes NRW, 2000

HARTL, H.: Geschichte der HIV-Therapie-wichtige Stationen. In: AIDS-FORUM DAH, Band 47, AIDS im Wandel der Zeit, Teil 1. Deutsche AIDS-Hilfe e. V., 2003

HARTWIG, L.: Sexuelle Gewalterfahrung von Mädchen: Konfliktlagen und Konzepte mädchenorientierter Heimerziehung. Weinheim: Juventa, 1990

HARTWIG, L.; HENSEN, G.: Sexueller Missbrauch und Jugendhilfe – Möglichkeiten und Grenzen sozialpädagogischen Handelns im Kinderschutz. Weinheim: Juventa, 2008

HEILIGER, A.; u. a.: Bundesministerium für Familie, Senioren, Frauen und Jugend (Hrsg.): Gender-Datenreport. 1. Datenreport zur Gleichstellung von Frauen und Männern in der Bundesrepublik Deutschland, 2005. Unter: www.bmfsfj.de/doku/Publikationen/genderreport/01-Redaktion/PDF-Anlagen/gesamtdokument,property=pdf,bereich=genderreport,sprache=de,rwb=true.pdf (gefunden am 17.10.2013)

HERRATH, F.; SIELEER, U. (Hrsg.): Lisa und Jan. Ein Aufklärungsbuch für Kinder und ihre Eltern. Weinheim: Beltz, 1990

HIERHOLZER, S. u. a.: Gleichgeschlechtliche Lebensweisen im Kontext der Gesellschaft. Chancen einer Emanzipation durch ein erweitertes Verständnis einer Pädagogik der Vielfalt in der Fachschule für Sozialpädagogik in Niedersachsen. Eigendruck, 2009

Hirschfeld-Eddy-Stiftung: Die Yogyakarta-Prinzipien – Prinzipien zur Anwendung der Menschenrechte in Bezug auf die sexuelle Orientierung und geschlechtliche Identität, 2008. Unter: www.hirschfeld-eddy-stiftung.de/fileadmin/images/schriftenreihe/yogyakarta-principles_de.pdf (gefunden am 20.10.2013)

HUNDMEYER, S.: Praxis der Kindertageseinrichtungen – Recht für Fachkräfte in Kindertageseinrichtungen, Heimen und der Jugendarbeit. Köln: Carl Link, 2007

HUNGER, H.: Das Sexualwissen der Jugend. München: Ernst Reinhardt, 1954

ICD-10: www.icd-code.de/icd/code/F64.-.html (gefunden am 09.10.2013)

Infostelle: www.infostelle.ch/user_content/editor/files/glossar.pdf/glossar.pdf (gefunden am 17.10.2013)

JULIUS, H.; BOEHME, U.: Sexuelle Gewalt an Jungen. Eine kritische Analyse des Forschungsstandes. Göttingen: Verlag für Angewandte Psychologie, 1994

KALLENBACH, K. (Hrsg.): Körperbehinderung. Schädigungsaspekte, psychosoziale Auswirkungen und pädagogisch-rehabilitative Maßnahmen. Bad Heilbrunn: Julius Klinkhardt, 2006

KARREMANN, M.: Es geschieht am helllichten Tag: Die verborgene Welt der Pädophilen und wie wir die Kinder vor Missbrauch schützen können. Köln: Dumont, 2010

Kindergartenbox: Entdecken, schauen, fühlen. Köln: BZgA, 2003

KINSEY, A. C.: Homosexuality: Criteria for a hormonal explanation of the homosexual. J. Clin. Endocrinol. 1, 2003, S. 424–428

KLOIBER, A.: Sexueller Missbrauch an Jungen. Epidemiologie – Erleben – Bewältigung. Eine quantitative und qualitative Untersuchung. Kröning: Asanger, 2002

KLUGE, K.-J.; SANDER, E.: Körperbehindert – und deswegen soll ich „anders" sein als du? Eine vergleichende empirische Untersuchung zum Sexualerleben und -verhalten von körperbehinderten und nichtbehinderten Jugendlichen. München: Minerva Publikation, 1987

KLUGE, N.: Sexualverhalten Jugendlicher heute: Ergebnisse einer repräsentativen Jugend- und Elternstudie über Verhalten und Einstellungen zur Sexualität. Weinheim: Juventa, 1998

KMK: Empfehlungen vom 03.10.1986 zur Sexualerziehung

KÖBSELL, S.: Gendering Disability: Behinderung, Geschlecht, Körper. In: Jacob, J.; Köbsell, S.; Wollrad, E. (Hrsg.): Gendering Disability. Intersektionale Aspekte von Behinderung und Gesellschaft. Bielefeld: Transcript Verlag, 2010

KÖNIG, M.: Menschenrechte. Frankfurt am Main: Campus, 2005

KUTCHINSKY, B.: Sexueller Mißbrauch von Kindern: Verbreitung, Phänomenologie und Prävention. Zeitschrift für Sexualforschung 1991, 4, S. 33–44

LACHWITZ, K.: UNO-Generalversammlung verabschiedet Konvention zum Schutz der Rechte behinderter Menschen – Teil I. Auszug aus RdLh 1/2007 www.lebenshilfe.de/wDeutsch/aus_fachlicher_sicht/downloads/unogeneralversammlung1.pdf (gefunden am 17.06.2013)

LANGLOIS, J. H.; DOWNS, A. C.: mothers, fathers and peers as socializations agents of sex-typed play behaviors in young children. Child Development, 51 (1980), S. 1237–1247

LAUTMANN, R.: Soziologie der Sexualität. Erotische Körper, intimes Handeln und Sexualkultur. Weinheim: Juventa, 2002

LEYENDECKER: „Normalerweise bin ich nicht behindert?!" Entwicklung des Selbstkonzepts und Coping-Prozesse im Leben mit einer körperlichen Schädigung. In: Ortland, B. (Hrsg.): Die eigene Behinderung im Fokus. Bad Heilbrunn: Julius Klinkhardt, 2006, S. 12–30

LEYENDECKER, C.: Psychologie der Körperbehinderten. In: Fengler, J.; Jansen, G. (Hrsg.): Handbuch der Heilpädagogischen Psychologie. Stuttgart: Kohlhammer, 1994

LEYENDECKER, C.: Zur Frage der Verhaltensauffälligkeiten bei Kindern und Jugendlichen mit Körperbehinderung. Eine kritische Bilanz von Erklärungsansätzen und empirischen Ergebnissen. In: Vierteljahreszeitschrift für Heilpädagogik und ihre Nachbargebiete. 73, Heft 3 (2004)

LÖBNER, I.: Entwicklungspsychologie. In: Färber, H.-P.; Lipps, W.; Seyfarth, T. (Hrsg.): Sexualität und Behinderung. Umgang mit einem Tabu. Tübingen: Attempto, 1998, S. 36

MARTIN, B.; NIEMANN, B.: Die anderen Gesichter der Sexualität. In: Sielert, U.; Valtl, K.: Sexualpädagogik lehren. Didaktische Grundlagen und Materialien für die Aus- und Fortbildung. Weinheim: Beltz, 2000

MASTERS, W. H.; Johnson, V. E.: Human sexual response. Boston: Little, Brown, 1966

MERTENS, W.: Entwicklung der Psychosexualität und der Geschlechtsidentität. Band 1, Geburt bis 4. Lebensjahr. Stuttgart: Kohlhammer, 1997, S. 57

MILLHOFER, P.: Geschlechtsrollenübernahme und sexuelle Sozialisation im Übergang zur Pubertät. Theoretische Verständigung und empirische Ergebnisse. In: Danneker, M.; Schmidt, G.; Sigusch, V. (Hrsg.): Sexualität und Spätmoderne. Über den kulturellen Wandel der Sexualität. Stuttgart: Ferdinand Enke, 1998, S. 89–102

MINDE, K. K.: Coping styles of 34 adolescents with cerebral palsy. In: American Journal of Psychiatry 135, 1978, S. 1244–1349

MRAZEK, J.: Struktur und Entwicklung des Körperkonzepts im Jugendalter. In: Zeitschrift für Entwicklungspsychologie und Pädagogische Psychologie. Band XIX, Heft 1 (1987), S. 1–13

MÜLLER, W.: Skeptische Sexualpädagogik. Möglichkeiten und Grenzen schulischer Sexualerziehung. Weinheim: Beltz, 1992

Museum für Verhütung und Schwangerschaftsabbruch: http://de.muvs.org/topic/wie-frauen-in-der-antike-verhueteten/ (gefunden am 19.10.2013)

NAGEL, G.: Alle Verhütungsmethoden und ihre Sicherheit. Abgerufen unter: www.onmeda.de/verhuetung/methoden_sicherheit.html (gefunden am 19.10.2013)

NASH, M. R.; HULEY, T. L.; SEXTON, M. C.; HARRALSON, T. L.; LAMBERT, W.: Long-term sequae of childhood sexual abuse: Perceived family environment, psychopathology, and dissociation. Journal of Consulting and Clinical Psychology, 1993a, Nr. 61. S. 276–283

NILSSON, L.: Ein Kind entsteht: Bilddokumentation über die Entwicklung des Kindes im Mutterleib. München: Mosaik, 2003

NOACK, C.; SCHMID, H. J.: Sexuelle Gewalt gegen Menschen mit geistiger Behinderung. Eine verleugnete Realität. Marburg: Lebenshilfe Verlag, 1996

OERTER, R.: Kindheit. In: Oerter, R.; Montada, L. (Hrsg.): Entwicklungspsychologie. Weinheim: Psychologie Verlags Union, 1998

OFFIT, A.: Das sexuelle Ich. Berlin: Ullstein, 1979

ORTLAND, B.: Pflegeabhängigkeit und Sexualität. In: Faßbender, K.-J.; Schlüter, M.: Körperbehinderte Menschen in ihrer pflegerischen Abhängigkeit – theoretische Fundierung und praktische Erfahrungen. Bad Heilbrunn: Julius Klinkhardt, 2007

ORTLAND, B. : Sexualerziehung an der Schule für Körperbehinderte aus Sicht der Lehrerinnen und Lehrer. Wissenschaftliche Grundlagen, empirische Ergebnisse, pädagogische Konsequenzen. Bad Heilbrunn: Julius Klinkhardt, 2005

ORTLAND, B.: Behinderung und Sexualität. Grundlagen einer behinderungsspezifischen Sexualpädagogik. Stuttgart: Kohlhammer, 2008

ORTMANN, M.: Duchenne Muskeldystrophie (DMD). In: Kallenbach, K. (Hrsg.): Körperbehinderung. Schädigungsaspekte, psychosoziale Auswirkungen und pädagogisch-rehabilitative Maßnahmen. Bad Heilbrunn: Julius Klinkhardt, 2006, S. 251–276

PHILIPPS, I. M.: Körper, Liebe, Doktorspiele. Ein Ratgeber für Eltern zur kindlichen Sexualentwicklung vom 4. bis zum 6. Lebensjahr. Bundeszentrale für gesundheitliche Aufklärung, 2000, S. 32

PLAGGER, I.; SCHARBERT, R.: Sexualität und Integration. In: „gemeinsam leben" 4 (1996)

PLIES, I.; NICKEL, B.; SCHMIDT, P.: Zur Sexualität bei schwerer geistiger Behinderung. In: psychosozial 22, Heft III, Nr. 77 (1999), S. 91–95

PRENGEL, A.: Pädagogik der Vielfalt, Verschiedenheit und Gleichberechtigung in Interkultureller, Feministischer und Integrativer Pädagogik. Wiesbaden: VS Verlag für Sozialwissenschaften, 2006

Pro Familia: Sexualität und geistige Behinderung. Pro Familia, 2006

Pro Familia: Körper und Sexualität. Sexualität und geistige Behinderung. Pro Familia, 2006

Pro Familia: Pearl-Index. Abgerufen unter: www.profamilia.de/erwachsene/verhuetung/pearl-index.html (gefunden am 19.10.2013)

RADBRUCH, G.: Rechtsphilosophie, C. F. Müller Heidelberg, Stuttgart, 1950

RICHTER, R.: Behinderung und Sexualität: medizinische und psychosoziale Aspekte. In: Michael, T.; von Moers, A.; Strehl, A. E.: Spina bifida. Interdisziplinäre Diagnostik, Therapie und Beratung. Berlin: De Gryuter, 1998, S. 413–420

RICHTER-APPELT, H.: Sexuelle Traumatisierung und körperliche Mißhandlungen in der Kindheit. Geschlechtsspezifische Aspekte. In: Düring, S.; Hauch, M. (Hrsg.): Heterosexuelle Verhältnisse. Beiträge zur Sexualforschung Bd. 71. Stuttgart: Ferdinand Enke, 1995, S. 57–76

RIETMANN, S.; HENSEN, G.: Komplexität bei Kindeswohlgefährdung als Risiko – Hinweise für eine koordinierte Steuerung bei Einschätzung und Intervention. In: Kindesmisshandlung und- vernachlässigung. Interdisziplinäre Fachzeitschrift der DGgKV. Heft 2/2007, S. 24–38

RITTERBERGER, E.: Zur psychosozialen Sexualentwicklung geistig behinderter Jugendlicher. Eine vergleichende Studie zwischen in Sonderschule für Schwerbehinderte und in Integrationsklassen unterrichteten Burschen und Mädchen. Linz: Edition pro mente, 2000

ROMANO, E.; DE LUCA, R. V.: Male sexual abuse: A review of effects, abuse characteristics, and links with later psychological functioning. Aggression and violent behavior, 6, 2001, S. 55–78

RÜHLING, H.; KASSEBROCK, F.: Behinderung und sexuelle Gewalt. In: Bange, D.; Körner, W. (Hrsg.): Handwörterbuch Sexueller Missbrauch, S. 31–66. Göttingen: Hogrefe, 2004

SCHLACK, H. G.: Brennpunkt Frühförderung: Notwendige Korrekturen überkommener Konzepte. In: Haupt, U.; Wieczorek, M. (Hrsg.): Brennpunkte der Körperbehindertenpädagogik. Stuttgart: Kohlhammer, 2007

SCHMETZ, D.: Sexualerziehung bei Menschen mit geistiger Behinderung. Fernuniversität Hagen, 1998

SCHMETZ, D.; STÖPPLER, R.: Förderschwerpunkt Liebe. Sexualpädagogische Bildungsangebote für Menschen mit kognitivem Förderbedarf. Dortmund: Verlag modernes lernen, 2007

SCHMIDT, R. B.; SIELERT, U.: Sexualpädagogik in beruflichen Handlungsfeldern. Köln: Bildungsverlag Eins, 2012

SCHNECK, G.: Rechtskunde Heilerziehungspflege – Ein Lehrbuch. Freiburg: Lambertus, 1992

SCHONE, R. u. a.: Kinder in Not. Vernachlässigung im frühen Kindesalter und Perspektiven sozialer Arbeit. Münster: Votum, 1997

SCHUHRKE, B.: Die Entwicklung kindlicher Sexualität beobachten. In: Rutschky, K.; Reinhardt, W. (Hrsg.): Handbuch sexueller Missbrauch. Reinbek bei Hamburg: Rowohlt, 1994

SCHUHRKE, B.: Genitalentdecken im zweiten Lebensjahr. In: Zeitschrift für Sexualforschung 10, 1997

SCHUHRKE, B.: Kindliche Körperscham und familiale Schamregeln. Eine qualitative Studie im Auftrag der BZgA. Bundeszentrale für gesundheitliche Aufklärung, 1999

SCHUPP, K.: Sie liebt sie. Er liebt ihn: Eine Befragung von lesbischen, schwulen und bisexuellen Jugendlichen. In: Hofsässer, T. (Hrsg.): Jugendhilfe und gleichgeschlechtliche Orientierung, Band 4, Soziale Arbeit aktuell in Praxis, Forschung und Lehre. Berlin: VWB-Verlag Wissenschaft und Bildung, 1999, S. 21–44

SCHWERDT, C.: Sexualität und Behinderung, Lieben, ohne „schön" zu sein. In: Psychologie heute, November 1981, S. 66–76

SEEFELD, A.: Sexualität bei Menschen mit geistiger Behinderung. In: Die neue Sonderschule 42, Heft 6 (1997), S. 433–439

SELIGMANN, S.. Sexueller Mißbrauch von Kindern. Ansätze einer Prävention für die Sonderschulpädagogik. Hamburg: Verlag Dr. Kovač, 1996

SIELERT, U.: Einführung in die Sexualpädagogik. Weinheim: Beltz, 2005

SIELERT, U.: Sexualpädagogik. Konzeption und didaktische Anregungen. Weinheim: Beltz, 1993

SIGUSCH, V.: Die Transsexuellen und unser xxxxxnosomorpher Blick. Zeitschrift für Sexualforschung, 4 (1991), S. 309-343

SIGUSCH, V.: Geschichte der Sexualwissenschaft. Frankfurt am Main: Campus, 2008

STEINHAGE, R.: Sexuelle Gewalt an Mädchen. Eine Einführung in die Thematik und Handreichungen für die begleitende therapeutische Arbeit mit Mädchen und Frauen. Praxis der Klinischen Verhaltensmedizin und Rehabilitation. Nr. 4 (1991), S. 83–90

STÖPPLER, R.; ALBEKE, K.: Geistig behindert, ein Thema für geistig Behinderte? – Perspektiven und Probleme der unterrichtlichen Auseinandersetzung. In: Ortland, B. (Hrsg.): Die eigene Behinderung im Fokus. Theoretische Fundierungen und Wege der inhaltlichen Auseinandersetzung. Bad Heilbrunn: Julius Klinkhardt, 2006, S. 54–67

TEICHERT, G.: Anders anders. Das Leben als Krüppel-Lesbe. In: Bundesministerium für Familien, Senioren, Frauen und Jugend (Hrsg.): Einmischen. Mitmischen. Informationsbroschüre für behinderte Mädchen und Frauen. Bundesministerium für Familien, Senioren, Frauen und Jugend, 2007

Unabhängiger Beauftragter für Fragen des sexuellen Kindesmissbrauchs: http://beauftragter-missbrauch.de/course/view.php?id=87 (gefunden am 17.10.2013).

WACKER, E.: Liebe im Heim? Möglichkeiten und Grenzen der Partnerbeziehung in einer organisierten Umwelt. In: Geistige Behinderung, 3 (1999), S. 238–250

WALTER, J.: Pubertätsprobleme bei Jugendlichen mit geistiger Behinderung. In: Ders. (Hrsg.): Sexualität und geistige Behinderung. Heidelberg: Schindele, 1996, S. 160–173

WALTER, J. (Hrsg.): Sexualität und geistige Behinderung. Heidelberg: Edition Schindele, 2005

WALTER, L. J.; NOSEK, M. A.; LANGDON, K.: Understanding of sexuality and reproductive health among women with and without physical disabilities. In: Sexuality and disability 19, Heft 3 (2001), S. 167–176

WATZLAWIK, M.: Jugendliche erleben sexuelle Orientierung. Eine Internetbefragung zur sexuellen Identitätsentwicklung bei amerikanischen und deutschsprachigen Jugendlichen im Alter von 12 bis 16 Jahren. Dissertation. Technische Universität Braunschweig, 2003

WEBER, M.: Spezielle Beratungsstellen. In Bange, D.; Körner, W. (Hrsg.): Handwörterbuch Sexueller Missbrauch. Göttingen: Hogrefe, 2002, S. 580–586

WEBER, M.; ROHLEDER, C.: Sexueller Missbrauch. Jugendhilfe zwischen Aufbruch und Rückschritt. Münster: Votum, 1995

WEILER; ENDERS, U. (Hrsg.): Zart war ich, bitter war's. Handbuch gegen sexuellen Missbrauch. Köln: Kiepenheuer & Witsch, 2001

WEINWURM-KRAUSE, E.-M.: Soziale Integration und sexuelle Entwicklung Körperbehinderter. Heidelberg: G. Schindele, 1990

WEINWURM-KRAUSE, E.-M.: Sexualerziehung in der Sonderschule. Hamburg: Verlag Dr. Kovač, 1995

WELLACH, K.: Zur Sexualerziehung körperbehinderter Menschen. In: Bergeest, H.; Hansen, G. (Hrsg.): Theorien der Körperbehindertenpädagogik. Bad Heilbrunn: Julius Klinkhardt, 1999

WENNINGER, K.: Langzeitfolgen sexuellen Kindesmißbrauchs: Dysfunktionale Kognition, psycho-physiologische Reagibilität und ihr Zusammenhang mit der Symptomatik. Göttingen: Cuvillier, 1994

WERNER-ROSEN, K.: Was ist Intersexualität? Biologische und psychologische Aspekte. In: Zusammenleben in Berlin männlich-weiblich-mensch – Trans- und Intergeschlechtlichkeit. Senatsverwaltung für Bildung, Jugend und Sport, 2006

WIESENDANGER, K.: Spezifika in der Psychotherapie mit schwulen und lesbischen KlientInnen. Doktorarbeit an der Universität Basel, 1998

WIESNER, R.: Staatliches Wächteramt. In: Bange, D.; Körner, W. (Hrsg.): Handwörterbuch Sexueller Missbrauch. Göttingen: Hogrefe, S. 591–594, 1997

WILHELM, M.: Behindertenintegration und Sexualerziehung. Eine Studie zur schulischen Sexualpädagogik. Wien: Wiener Universitätsverlag, 1996

WREDE, B.; HUNNFELD, M.: Sexualität – (k)ein Thema in der Hochschulbildung. Entwicklung einer hochschuldidaktischen Ausbildungskonzeption für Sexualpädagogik. Grünwald bei München: Kleine, 1997

ZINKI, G.: Identity conflict or adaptive flexibility? Bisexuality reconsidered. Journal of Homosexuality, 11 (1/2, 1985), S. 7–19

Sachwortverzeichnis